川村貞四郎 記
古橋 茂人 編集

三河男児 川村貞四郎

[Ⅲ] 闘魂の記

雄山閣発行

「直而温」（昭和四十九年、八十五歳）

（財）古橋会理事長時代（昭和二十九年、六十五歳）

警視庁警務部警衛課兼警務課任官（大正四年、二十六歳）

結婚記念（大正八年五月二十一日、三十歳、美和二十一歳）

警視庁書記官衛生部長時代（大正十五年一月、三十七歳）

中央大学講師（兼任）（大正十五年十一月、三十七歳）

警視庁保安部長時代、家族とともに（昭和二年十一月、三十八歳）

浪々時代、家族とともに（昭和十二年、四十八歳）

古橋家文書研究会・現地研修会に孫と共に参加（昭和三十七年、七十三歳）

古橋家文書研究会による「川村理事長夫妻の長寿を祝う会」（昭和五十四年、九十歳）

東京市ヶ谷の自宅にて（昭和五十六年、九十二歳）

郷里稲橋の生家にて、ひまご真人をあやす理事長夫妻（昭和五十九年、九十五歳と八十六歳）

三河男児川村貞四郎の残したもの
——家と村と国のために——

筑波大學名誉教授
東京家政学院理事長
芳賀　登

本書の対象としての川村貞四郎の一生はその著書『官界の表裏』に代表される様に、東大法学部独法科卒の内務官僚として大正から昭和戦前期にかけて活躍した人である。わが国の政策官僚は、その政策具現の立法過程を明確化したごときものを書き残したものは全く少ない。その意味で官界を引退した後に、その関与した政策の実現過程を示したものを世に発表した人は少ない。

その上に、そのことを含む全生涯とのかかわりや、この人の人間形成過程とのかかわりが本音で記されたものを残したものは少ない。川村貞四郎は既刊『三河男児川村貞四郎』（雄山閣）において自叙伝風にかたっている。これなども実伝そのものであって、明治・大正・昭和三代を生きた人の人間のなやみ・苦しみ・よろこびが余すところなく書き記されている。

川村貞四郎の略歴は、川村貞四郎の書いた自伝の巻末や『稲武町史　通史篇』（第一法規出版　平成十一年三月三十一日刊）の中に収録されている。本書の中にも収録されている。

川村貞四郎は三河山間部北設楽郡稲武町稲橋の豪農古橋家の出身である。古橋家については『稲武町史』はもちろんのこと古橋家に関する『豪農古橋家の研究』思想史・経済史研究等々にくわしくのべられている。その上暉皃・義真・道紀三代についても研究書も数多くみられる。こうした家に生まれ、しかもその家に形成された古橋家の伝統を継承する志操の人として、川村貞四郎を位置づけたい。その意味でも本書の価値はきわめて高いものである。

その上本書は差し支えないところは本名（実名）で、差し支えあるところはMOKのごとき頭をABCであらわしている。その上、『官界の表裏』（雄山閣出版）や当時の官員録と符合させれば事実関係は明確にすることは可能である。

その上回想物の場合は回想の時を明確にしている。加えて政党政治下のいろいろな利権がらみの政略のごときことは事実をもって打破すべく記述している。その意味で地方政界の動向と政党政治とのかかわりもあますことなく具体的にかかれている。

したがって川村貞四郎の本書の叙述はきわめて記録性のある叙述が実録物としても記録として価値をもつものである。

川村の『官界の表裏』は彼が関与した事件や立案について具体的にかかれている。とくに衛生関係、社会関係の立案について事こまかに記述されている。また、警察病院設立の思い出に本書で敷衍化している。川村はその上つねにこまかいことにかかわっても政策立案本位に記述している。そこに川村が官吏として何をなすことが自分の職責と考えているかを具体的に示している。その時彼は民間の協力者育成にも関心を寄せ、つねに対象の人々の協力の具体化をはかる努力をしている。それはささやかなことで、改善改良をはかっている。単なる為政者本位でなく協力者育成につとめ衆人の指導をつねに考えている。

川村は政党政治下の選挙のあり方について地方選挙のあり方を具体的に展開している。

その叙述には国士川村の政党政治への見方が憂国の観点からふれられている。

本書は二部では川村が政党政治のために退官を余儀なくされ、昭和八年から昭和二十年古橋会設立までの浪々時代をとりあつかっている。いわゆる昭和の挙国一致体制成立過程に、川村がいかにいきたかが具体的に示されている。安達謙蔵・鈴木喜三郎・平沼騏一郎等々の人物名がでてくる。こうした中で一清廉な行政官としていかにこの時代を生きたかは、川村が官界に生きたものとして、政党政治の裏側を摘発し、あるべき政界にいきるもののあり方を具体的に示したいという願望の下にいろいろ官界の表裏をかきたいとの願いを満足させようと考えてかいたものである。それ故にきれいごとでなく、その内部に立入ってかかれているだけに、現実そのものを具体的に追及している。われわれがこの書に当事者として参与したものの告白を含む事実が随処にみえる。とかく観念的にかかれたものの多い中で、きわめて事実の描写が見事に示されている。それだけに当時の政界のはげしさ、いやらしさまでふれられている。腐敗の指摘が評論家的記述がほとんどの中で、この様に事実追及そのものはみることは少ない。それだけに歴史の史料としての価値は高い。しかもそこには情況分析はもちろん勝敗の行方追及を含む具体的分析も見られる。もちろん実名は多少かえられているが、その仮名は論理的分析をすれば事実を辿ることはそれほどむずかしくない。ただ当事者への迷惑を多少考え遠慮した部分はある。それだけに周辺史料をあらためて当たり直せば、具体相を鮮明にすることは決してむずかしいことでない。

本書の成立過程で家族一部より周辺の人々に迷惑をかけぬことで心理的重圧があった。もちろんこの種の記録の発表に当たっては一考も二考もさせられることは事実である。特にこの部分はこのこととかかわる。

川村は郷国の稲武では古橋会の理事長として町に貢献して名誉町民として顕彰されている。川村は本書の記述にもある様に祖父暉皃・父義真と兄道紀の事業を受け継いでと考えており、自分の力でとは考えてはいない。本書もその精神を基軸にすえて書かれたものである。

とくに、「第三部　委託を奉じて」の内容はそのことを具体的に示している。財団法人古橋会設立の過程、古橋家・農耕地の処理、山林田畑登記、債権債務関係の処理、建造物の整理その他について具体的に叙述されている。しかもその記述はきわめて正確に史資料の裏付けのあるものであり、この様な内容ある記述をした叙述を他に見出すことは難しい。

その点でも本書は昭和史の深層とかかわる叙述として価値あるものである。

これも川村が古橋家の伝統の継承の上に、古橋会の事業をいかに展開するかを身をもって示す姿の表現でもある。

川村貞四郎は未だ四十三歳壮年期官吏であったとき、それまで自ら生きた官界の政治的公的社会関与の生涯をやめている。

そのときの出処進退はきわめて明瞭である挙国一致政権づくりへの構想も明白そのものであった。その中で川村は日本政界の革新のため一つの動きの一端をにない、国本社系の一人となった。その後川村は政界に戻ることなく浪人生活を送った。そのあと、人のすすめもあって実業界に入り、さまざまな企業に関与したが、心ならずも不祥事件にまきこまれ東洋インキ裁判とも関わる身上となっている。

川村は一時、警視総監候補にあげられたこともあった。川村に選挙運動とかいろいろの関係事実も対策と成果にかかわる叙述があり、通り一遍な書き方を排し、きわめて具体的な叙述がされ計画対策がかかれている。

世には多くの自叙伝風回顧録がかかれているが、本書はかなりユニークなものとなるものもたしかであり、かつ記録の証拠もしっかりしており、その上著者が退官時にまとめたものがあったり、かなり早いうちにかいたものがあって、決して思い出話風のものでない。

第三部以降の戦後にかかわるものでも、古橋会成立の経緯、事業報告に支えられており公益事業とかかわる財団法人古橋会の運営、経営の苦心談だが、記録としても確乎たる裏づけをもつ記述ばかりである。その『稲武町史』の記述はもちろんのこと、古橋家関係史料も昭和十八年位までは経営史料は現存している。こうした保存をしている家であることは、あらゆる史料保存もしっかりしていることからも記述をささえる正確な史資料は存在している。

とかく新しいところほど史料保存がよくないが、古橋家は町政関与・財団運営・公益事業とのかかわり、更に地域開発のため、誘致・誘導につとめ、様々な事業に関与している。それ故かなり正確な記録に支えられている。

それは著者自身がつねに生きる姿勢として、正確、誠実、厳格、詳細、公益本位に生きた人であったことの反映である。

川村貞四郎はつねに古橋三代暉皃・義真・道紀の事業を回想し、その事蹟の顕彰につとめた。川村は古橋家三代の歴史継承をつねに念頭にいれた人である。自らはその事業を永遠に継承させる知恵を発揮し、山幸を里に植え替え、天下の模範村稲橋村を具体化させた人である。父祖の事業はこの人の才覚と知識・知恵によって財団法人の公益事業として継承されのこされている。

とくに三部は古橋会の記録であると共に古橋三代の歴史への回想である。

川村は父祖事業を維持し、かつ今後の発展の基礎をつくった。もちろんそのために、古橋暉皃伝・義真伝・道紀伝はかかれた。

その基調をなす古橋家の歴史はもちろん豪農古橋家と稲橋村中心に種々の研究書も発表されている。

もちろんこれらの研究を支援したのも川村貞四郎である。彼はこの家に生まれながら、故あって古橋姓を名乗っていない。それにもかかわらずこの人なしに古橋三代の顕彰も出来ないし、今日この家に伝えられるものの維持・継承もなかったと考えてよい。

そのことは、古橋家の歴史の顕彰がすすめばすすむほど、古橋家はこの本家をつぐ当主だけでなく、古橋家を導かせた人は家長の見識のみでなく、脇役をよくつとめあげた人によって支えられている。別伝、列伝にのこされている人の支えがあってこそである。

現存する古橋家の史料を見る時、その史料がよく保存されている。そのことは川村貞四郎の存在がそれを支えている。また明治以降の「古橋家伝」の形成過程を具体化する中でもそのことは言える。

川村は郷土博物館への関心をよせ、古橋懐古館づくりにつとめた。それは古橋家の存在が山林を中核とする植林事業と共に一村の繁栄の基礎を築いた。その点については川村のすすめで、古橋家古文書研究会がつくられ、その文書の解読がすすめられ、一豪農研究として世に示されるほどの成果をあげている。その支えも川村貞四郎の卓見によるところが大きい。

川村はつねに国家の官吏として天下国家の立場から物事の位置づけ直しを考えた人である。それ故に後年への展望有無を考えて事の可否善悪の判断をしている。小事より大事は何かをつねに考慮する人であった。知識人としての価値は、価値判断の思慮分別のできることにあった。川村は一家のことがあっても天下国家の立場から考える人であった。小事が小事にとどまることかをいつも問い直す人であった。

その点で『官界の表裏』はそうした事情を分析するのにかなりよい史料である。

本書第三巻『闘魂の記』は官界にあって三河男児川村がいかに生きたかがしるされている。本巻と一・二篇を併読するとき、川村のいかなる性格と出自がそうさせているのかを読み解くことが官界の浄化との斗いとして位置ずけ直すとき、これ程面白い史料は少ない。

本巻叙述は当たり障りのない記録でないだけに政党政治のこまかい動きの情況分析をするときかなり史料的価値は高い。その意味で本書は関連史料の一つとして読み解くとき、その時代をよみとく時にかなり有効性を発揮する。

川村はこうしたものを記述し、残そうとしたのは『官界の表裏』が示すように政策官僚として厳正中立・不偏不党の立場を固守して、日本の近代化を推進する役割を果たしたいとの願望に生きたからである。従って個人の損得を全面に出すことを恥とする人であった。

私が川村の『官界の表裏』を知り「牧民心鑑」を実践した人としてその道徳倫理性を評価したことは本シリーズ三巻の完成を心から待ち、世の期待にこたえたいと考えたのも、牧民の人として抱負経綸の才をその文章の中に見出したためである。

川村の記述の中には政界の中ではかなり小事に見えて機微に関することが記述されている。したがって事がその地域に関する事としては重視されるべき事も少なくない。

したがって事をこまかく分析する時には大切な史実となる。しかもそれがリアルにかかれているのは記録性のある資料的裏付けがある。それだけに当時の政界事情をリアルに示す資料となる。それも形勢分析を含めた記述があり、その影響についても位置づけしている。

川村は本書第一部の記述の中に、彼の人生があった。中でも『官界の表裏』の中で最もふれたかった自分がつくったものと、自分が斗った対象についてふれている。その意味で、本書のこの部分は『官界の表裏』と対比してよみとくことを著者も期待している。

それと共に二部の叙述の中に、この人の人生と官界・実業界でのいきざまのちがいがあらわれている。このことに関しても本書の三部に回想がある。これも一巻、二巻を通してよみとくとき明治人川村の面目にせまることができる。

「十二、闘魂と開拓精神」　川村がその生涯を回想してわが人生をつらぬく精神基調を自らかいたものである。「十三」は個人としての川村の人生観の諸側面を要括したものである。こうした記述は比較的短くまとめられているが、この裏にはかなり書きためたものがあり、それを要約した形迹がある。

この部分は川村自身の要約に近いものである。しかしその周辺の人にとってはここまで書かなくともという人もいる。しかし、それだけに川村がすぐれた平衡感覚をもち、時代感覚をもつ人であっただけに、こうしたものをのこした心情に思いやる人は多い。

幾多の怒りを感じ不幸な事件にまきこまれた人生であっただけに、浪々の時代や不祥事件の記述等には、自ら真実と向き合いつつなやむ姿があり、そうした運命を選択したことについての回想の中に、川村がつらぬきたかった人生の基調が感得される。人間は選べることばかりではないこと、さまざまな要因とのかかわりで生きることがわかる。

それだけにこうした著述は、本書のようにできるだけ事実を記録し史資料の提示の上にかかれることがどれだけよむ人の為に有効であるかを知らしめる。

私は川村貞四郎に接し、その人の存在と向かい合い、その言説を思い出すとき、その書いたものとの関連づけるとき、つらぬきたかったものが何で、何が己れの人生をくるわしめたものかを知らされる思いがする。

川村はこの点についても自分自身で一応総括している。世の中には自伝を残した人はかなり多くいるが、川村のような自伝を残した人は少ない。また彼のような紆余曲折に富む人生をリアルにありのまま記録しかつ史資料を提供する形で書き残した人はごくまれなことである。

その上、その川村の人生に三河の豪農名望家古橋家と関係深く、その家の歴史、さらにその村稲橋を含む稲武町の町史が完結しており、地方史の成果としても世に知られている。

こうした背景の中でこの書が成立しており、かつ川村がつくった古橋会は今もその事業はつづき、懐古館をはじめ、諸々の事業が現今維持されていることを考えると、その理念と事業は川村の志のごとくいきている。

そう考えると、本書にかかれた意志には生きた形として存続している。

私はこの人と出会い、その家と接し四十有余年になる。もっとも近いところにいる一歴史家としてこの書に接する。そしてはしがきを書く。きわめて名誉なことである。

古橋家の歴史が今日豪農名望家の研究として世に残るのも川村が古橋家を古橋会として永久に再生を期した先見性によるものである。

またその遺志をつぐ古橋家の人々が川村の志を実践する人であることによる。

それも川村が古橋三代を顕彰し古橋家を永久に存続をすることをちかった志の持主であることによる。

本書はそうしたすぐれた徳が唱える精神を示した人の著述として世におくりたい。

なお本書とくに本巻は山形県、青森県近現代の政治史史料として、また地方政友会関係の文献として利用できるものともなる。まだ研究水準がやっとその分析を基調になる程度になっていることからも学問関心の対象とすべき秋になって来たといえる。

川村貞四郎は警視庁をはじめ内務省官吏として種々の仕事をして来た。彼は家の事情があって豪農古橋家から外へ出ることとなったが、しかし彼は古橋家の精神をうけつぎ古橋家三代はもちろんのこと古橋家の精神を歴史にとどめるべく苦心し、かつその家の歴史的遺産を残すために努力し、古橋家の歴史の顕彰に力をつくし古橋会の事業として生かしつづける基礎をきずいた。その結果土蔵の中にねむっていた古文書や蔵書類を世に示し、そのあつめた書画類も解読展示され、それが何故にこの家にあるかもはっきりするに至っている。このことの委嘱をうけている私にとって、川村が何故にそれを欲したことを知れば知るほど川村の心意の一端を世にのこすことはやらねばならぬ仕事である。

川村の精神や事業をつぎ古橋会を守っている古橋茂人・千嘉子夫妻と共に本書の刊行だけは是非なしとげたい仕事の一つである。それだけは、本書の刊行によって川村貞四郎の自伝の完成を見たことを喜びとしたい。

それと共に本書がとくに多くの人々、川村の生きた時代をよみとくために、このレヴェルまでしらべを掘り下げて、表面だけの歴史でなくその政策対象やその生活基盤までかかわりとくに東北や日本基層社会の社会救済の対象とかかわる分析まで掘り下げられることを期待する。

それによって古橋家の精神の一つ、貧しき人のない社会づくりが一層すすみ共存共栄社会へ一歩でもすすむことにいささかでも努力したい。

それが日本近現代史が単なる政争の歴史でなく思想的イデオロギーの対立でなく、もっと地についた地方社会史であり、具体的な政策具現のための歴史であるように、努めるための史資料発掘であるべきである。

川村の本書はこうした自叙伝の少ないとき自らを素材に、その秘められた志操をあきらかにしたものとして注目されるべき史資料である『官界の表裏』とともに残されてよい仕事と考える。

なお研究者としては『政友会三十五年史』、石田善佐編『政友会の主義政策』はもちろんのこと、立憲政友会編纂部『立憲政友会史』など、立憲政友会鈴木総裁編纂部『鈴木総裁』、梨木祐惇『鈴木喜三郎』、伝記編纂会『鈴木喜三郎』等をはじめできるだけそうしたものを参考にして掘り下げることも必要不可欠なことである。

と共に川村があまり権勢に阿ねる人でない人であることは本書をよめばよむ程わかる。それだけに政界、官界のありし姿を考えさせるところがある。

とかくわが国近現代史は総論のごときものがあっても各論がない。むしろそれよりこの図書のごとき事実から演繹的に帰納する必要があるのではないか。

筆者川村貞四郎の書くものは、決して図式公式的なものではない。その対極にあるようなものの典型である。その意味で川村貞四郎その人の書いたものを参照して、昭和史の現状をもって豊かにすべく努力したい。その点からすると本書はその基礎事実を提供する貴重な文献史資料である。

川村貞四郎の波瀾充てる生涯は、彼がもの言わざる人でなく語りのない人でないこと、政策立案に関与した国家秘密とかかわることを率直に語る人であり、そうした社会の恥部のごときブラックホールのごときものまで探っていることである。そのことが川村がおとしいれられたこととかかわる。その意味で社会心理とかかわるところまで掘り下げさせるものをもっており、生きざままで探りをいれさせている。そこに本書が単なる史資料でなく表と裏をスッパぬくだけの迫真の力を賦与させている。こうした見事さが本書に宿されている。だまっているものの方が得な社会を決め込む日本社会の一端を示している。

裁判記録の語るところまで自らの解説でかく、そして身の潔白を証明して見せている。その時その身をおとし入れる側がどの様につくられたかもふれられている。そうした過程で人間の動静が何によってきめられるかがよく示されている。そうしたよみときを期待したい。

とくに川村が兄道紀の死に当たり古橋家を古橋会につなぐため、何故にそうしたかがきわめて具体的にかかれている中で川村貞四郎の人生の目的の結晶する姿を発見する。

その方向づけがいかなる過程でなされたかの心の軌跡が具体的に語られている。

ここに川村が生涯かけてのこしたかったものが具体的に語られている。なお川村貞四郎は暉保会設立と道紀に協力し、古橋会設立に重大な役割を果した。その点について「名望家古橋家の維持と継承—古橋義眞・道紀・川村貞四郎と暉保会を中心として—」『東京家政学院大学紀要第三十一号』平成三年七月発行にとくにくわしくふれられている（拙著『維新の精神—豪農古橋暉皃の生涯』雄山閣出版株式会社、一九九三年五月刊、「第五章・古橋暉皃精神の継承」参照。とくに五—六古橋会の設立と川村貞四郎の果した役割―むすびにかえて―に具体化されている)。

暉皃は陳述心緒の和歌として山則山幸海則海幸として

玉幸う神のまにまに仕えなば

貧しき人の世にあらめやも

とよんでいる。これを維新の精神として、山幸を求めることにつとめたのが川村貞四郎の心である。

大井平の石碑に暉皃の歌一首としてしたためられている。

目次

序——三河男児川村貞四郎の残したもの——家と村と国のために——　筑波大學名誉教授　東京家政学院理事長　芳賀　登——1
川村貞四郎略歴——27
三河男児川村貞四郎　第三篇
闘魂の記　財団法人古橋会初代理事長　故川村貞四郎
第一部　浮き草稼業　「官界時代」——31
一　東京警察病院設立の思い出　31
1　沿革
2　施設の概要
二　壮心、壮遊
三　金玉酒
四　捨て身の戦法
五　民情交流の六十里越道路
六　民心を得た洋梨栽培試験
七　人事相談
1　名士と名妓
2　真面目青年と芸妓の恋路

3　我が子無きに迷える名士
八　記者諸君の支援
1　警察協会幹事後藤狂夫君の支援
2　警察新聞の支援
3　岡見斉君の後援
4　医海時報田中社長の支援
5　日刊各社の記者諸君
6　各地方記者諸君との交わり
7　内務時事新聞社の森君激励
九　選挙の思い出
1　選挙の特別規定
2　選挙法の理想
3　過去の選挙
①　昭和六年九月施行青森県議会議員選挙の監視
②　昭和七年二月衆議院議員選挙山形県の情勢
4　立候補者の為に

第二部　浪々時代「退官から古橋会設立まで」――91
一　家屋の新築と変遷
二　満寿川隧道の題字
三　ボスの放鯉
四　浮き世の一駒
五　倒閣国民大会の記
六　挙国一致の方策回顧
七　実業家の経験
1　土木事業
2　鉱山事業
3　インキ製造業
4　航空機関係事業
5　ウイスキー会社
6　製材業
八　不祥事件
1　まえがき

2　関連事件の概要
3　関係資金
4　事件の前駆
5　家宅捜索、拘引、拘置、取り調べ
6　第一審裁判所の裁判顛末
7　第二審裁判所の裁判顛末
8　上告審裁判所の裁判顛末
9　差し戻し裁判所の裁判顛末
10　あとがき
第三部　委託を奉じて「古橋会理事長として」 147
一　委託を奉じて一年有半
1　道紀兄に関すること
2　財団法人古橋会に関すること
3　古橋家に関すること
4　財産税、相続税関係
5　公益事業への配慮

6　刈谷車体稲武工場の充実
二　東海銀行稲橋支店の閉鎖
1　東海銀行稲橋支店と古橋家
2　支店閉鎖の風聞
3　支店閉鎖の予報
4　支店閉鎖の決定
5　支店閉鎖と私の対応
三　郷土博物館の建設
1　廃物電灯笠の活用
2　稲橋小学校九十周年記念事業として
3　利用方法
4　其の後の経過
四　古橋懐古館の記
五　井の淵への執心
1　こども心の憧れ
2　古橋家ゆかりの地

3 水陸の公園完備へ
4 時代の要求
5 私の悲願
6 水の公園
7 水陸公園の夢の実現
六 紺綬褒章の価値
1 山上の垂訓
2 梵字川、丹生川上流の部分林
3 噂の種
4 緑の週間に答えて
5 褒章の受領
七 献林の記
1 皇室と古橋家との関係
2 皇室と私との関係
3 皇室と財団法人古橋会との関係
4 侍従長との関係

5　研究調査
八　古橋医療研究所創立十周年記念式に際して
1　序説
2　一徹の志
3　開設当時の苦慮
4　将来の問題
九　古橋医療研究所の休止に当たって
十　株式売買への発展
1　序説
2　貯蓄時代
3　貸与の失敗
4　資金運用より株式配当へ
5　源六郎学資金の運用
6　財団法人古橋会の資金運用
7　結び
十一　藍綬褒章受章の記

1 受章に至るまで
2 受章の覚悟
3 授章の日
4 稲武町祝賀会
十二 闘魂と開拓精神
1 幼少時代のきかん気
2 学生時代の闘争心
3 第一期警視庁時代の改革意気
4 内務省時代の執務中の気概
5 第二次警視庁時代の開拓精神
6 保安部長時代の闘魂
7 内務部長時代の下心
8 第一次浪人時代の怒り
9 山形県知事時代の闘魂と開拓精神
10 第二次浪人時代の押さえられた闘魂
11 財団法人古橋会時代の闘魂と開拓精神の発揚

12　むすび
十三　結び
1　宗教に就いて
2　家庭に就いて
3　教育に就いて
4　政治に就いて
5　経済に就いて
6　社会生活に就いて
あとがき　財団法人古橋会理事長　古橋茂人

川村貞四郎略歴

父　古橋源六郎義真　三男
母　古橋つる

生年月日　明治二十三年七月二十三日
出生地　愛知県三河国北設楽郡稲橋村（現稲武町大字稲橋字タヒラ八番地）
絶家再興　明治三十一年七月十五日　亡川村絶家跡願済再興
本籍地　東京都新宿区市ヶ谷田町三丁目二十五番地（昭和十三年六月四日より）
（旧本籍地　岐阜県美濃国中津川町中津川五五七番戸）

学　歴
明治三十六年　三月　稲橋尋常高等小学校高等科二年修業
同　年　四月　愛知県岡崎市県立第二中学校入学
同　三十九年　十月　東京市私立日本中学校へ転校
同　四十一年　四月　同校卒業
同　年　九月　第一高等学校入学
同　四十四年　九月　東京帝国大学法科大学独逸法律科入学
大正　三年十一月　文官高等試験合格
同　四年　五月　同大学卒業

経　歴
大正　四年　六月　任警視庁警部　警務部警衛課兼警務課勤務
同　六年　九月　専任警視庁警視　補本所太平警察署長
同　七年　六月　任防疫官兼内務書記官　衛生局勤務
同　八年　五月　杉山美和と結婚

同　十年　九月　任内務事務官　警補局保安課勤務
同　十三年　一月　欧米各国へ出張を命ず
同　十四年　九月　任警視庁書記官　補衛生部長
同　十五年　　中央大学講師　行政法担任
昭和　二年十一月　補保安部長
同　四年　七月　任山形県書記官　補内務部長
同　五年　一月　任青森県書記官　補内務部長
同　年　六月　依願免本官
同　六年十二月　任山形県知事
同　八年　六月　依願免本官
同　十三年　六月　東洋インキ製造株式会社々長（昭和十六年八月退任）
同　二十年　三月　戦災により新宿区市谷田町の自宅焼失
同　二十一年　三月　財団法人古橋会を設立、理事長に就任
同　三十七年　三月　紺綬褒章及び木杯を賜う
同　四十三年十一月　藍綬褒章受章
同　六十年　六月　稲武町名誉町民称号授与
死去　昭和六十二年六月十八日　行年　九十六才十一ケ月

主なる著書

破鐘の響	大正七年五月	日本警察新聞社
行政法総覧	大正八年四月	法制時報社
牧民心鑑	大正十二年三月	良書普及会
ムッソリニとファシスト運動	大正十四年六月	良書普及会
日露問題	大正十四年十一月	警察講習所警友会
警察研究　第一輯—第二輯	大正十五年三月	良書普及会
浪朗の釣鐘	昭和八年五月	松莱堂書店
官界表裏	昭和八年八月	
我が半生	昭和四十三年五月	東洋地図株式会社
三河男児川村貞四郎生立の記	平成九年六月	雄山閣出版株式会社
三河男児川村貞四郎青春の記	平成十一年六月	雄山閣出版株式会社

共著又は之に類するもの、論文多数

第一部　浮き草稼業　「官界時代」

一　東京警察病院設立の思い出

大学を卒業して官界に身を投じ、警視庁に推薦されたが、大正四、五年の警察界を通観するに如何にも惨めなものがあった。警察官の身命を賭しての職責に比し如何にも恵まれることの少ない待遇に心を痛めた。やがて一警察署長となり、多くの部下を持つ身となって警察官の過労、病気欠勤、家族の疾病看護、忌引などと日誌を記す度に、徹宵激務に従い、時には身を危険に晒し、或いは病苦を冒して只管精進する警察官の健康とその家族の疾病に対し、何らの施策も無く看過されている現況に義憤をすら感じ、自分一個の問題とせず広く先輩上司の支援を得て、警察官及びその家族のために病院を建設することの急務なるを思い、「警察病院設立の必要」と題して稟議したのは、大正六年のことであった。しかしながらこれに対する何らの反応を見ぬうちに、私は内務省に転勤のやむなきに至ったが、この衛生局に勤務中の大正八年、警察官の共済組合に関する調査とその法規の立案が衛生局に委任された。幸い私がこの共済組合令案を審議する局に当ったので、この組合が成立すれば、其の資金を以って警察官の為の病院を設置し、宿願を解決し得るものとこれが成果に努力したが、漸くその実行を見んとする折この施行は社会局に移され、またまた私の理想を実現する時期の遠ざかったことを感じ、切歯したのであった。私も衛生局より警保局に転じ、外遊などと碌碌の日々を送っておるうち、八年目に再び警視庁に衛生部長として戻ることとなった。私はかって在りし時代の懸案を解決するには天与の時到来と、早速当時のI技師（後の防疫課長）と警察病院の設立に就いて意見を交換し、先ず警察官の疾病調査を行った。これが将来の計画の基本を為すもので、これに基づいてI技師と協議し、警察病院の青写真を作り上げたが、問題は其の土地と資金であった。たまたま衛生部に大震災の際に於ける「バラック」の消毒その他に関する費用が残っていた。金額にして八万余円で大体一病院を経営するに足るものがあったので、これを活用しようと内務省社会局に幾度も交渉したが、震災救護金品に関する会計検査院の検査方針に抵触するの故を以てなかなか当局の承諾を得ることは困難に見え、一部の反対もあってK内務事務官の好意、I書記官の熱心なご支援にも遂に決行することが出来なかった。しかしこの問題がO総監の耳に達してからは総監の三大方針の一つに組み入れられ、早晩実現し得る望みはついたので、大正十四年四月二十九日開会の自警会評議会に出席し、警察官の強制貯金を警察病院の建設維持に振りむけることを提議して賛成を得、陸軍省にH局長を訪ねて砲兵工廠跡地の払い下げを希望し、大蔵省の国有財産管理課にY書記官を訪ねて同地の貸し下げ又は払い下げの可否を問い、その多少望みあるを感知することが出来た。然し表面は宮内省より御料地の御貸し下げが出来ないものであろうかと具申した。賢明なる総監はこれを宮内省当局に伝えられ、宮内省のS次官は心より賛成、その意図のあることを言明されるに至ったのである。残るは資金の問題である。あらゆる面に協力的であったI警務部長は鳥取県知事に栄転され、後任のN警務部長は全くこの問題に関心を示さなかったので、私は総監に進言して署長会議に警察病院設置の問題を懸けることにしたが、N警務部長の態度は不鮮明でむしろ不賛成的態度は、其の会場において満場一致の決議を得るに至らず、後日の書面回答ということになったことは遺憾千万であった。然もこの会議の後N警務部長は、案そのものに不審ありとして更に特別委員を命じ、再調査の名のもとに、握りつぶしの運命に逢わんとしたのであった。しかるに憲政会内閣は財界動揺の責を以て瓦解し、O総監の一大方針は其の辞職と共に実現を見ずして終わってしまった。次いで政友会内閣が成立しM氏が総監に就任した。私は新総監に対して其の決断による警察病院の設立を要請したが、幸いN君は休職となり、私は警察病院設立のために秘かに快哉を叫んだ。後任のK警務部長はN君より引継のあった為か、最初は慎重な態度をとられ私には飽きたらぬものがあったが、やがて理解し協力者として変身して行った。いよいよ警視庁としての態度決定をしなければならぬ時が来た。昭和二年五月二十六日総監官舎で部長会議が開かれ、各部長の他に、SIMYの諸君が列席した。私は今や断あるのみと言い切った。K君は猶趣旨には賛成なるもと相変わらずの煮え切らぬ辞を述べられた。これに対しM総監は言下に「衛生部長の言う通りだ。要は実行あるのみ」と発言され「K君の言うところは方法論に過ぎない」とまで言い切られた。K君はこの問題は自警会に関する問題であるから、今後は警務部において扱うべきものと言い出されたので、私もこれに賛意を表すべき旨を述べ、本問題は一切警務部長に委任されることに決した。時に夜半の十二時、私は感激を以てM総監の差されたビールを心から乾杯したのであった（『官界表裏』抜粋）。

昭和四十五年三月十八日、東京警察病院の本館更新々築落成記念式典が挙行された。私は創設当時の関係者として招待を受け、其の盛儀に列し、新偉容を誇る施設設備を紹介され、そぞろ設立当時を思い出し、私の播いた種が見事に開花した現実を目のあたりにして感慨無量なものがあった。今そのあらましを回顧するに

1　沿革

昭和二年八月　　警察病院建設用地決定　麹町区富士見町、旧宮内省雅楽部跡地（七七一、九三坪）
昭和二年十二月　　新築工事着工、鉄筋コンクリート造り、地下一階地上四階建
昭和四年二月　　新築工事完成　（警視庁職員全員の共同出資金による）
昭和四年三月　　開院

昭和七年十月　本館増築（隣接地、二九五、四三坪買収、鉄筋コンクリート造り五階建増築　一二三五床となる）
昭和十二年四月　産婦人科及小児科治療室、隔離病舎の増築十八床
昭和二十八年七月　増改築工事（職員拠出金による一八四床の増設で四三七床となる）
昭和三十二年十月　総合病院の表示承認
昭和三十九年十月　別館増築工事着手
昭和四十年十二月　別館完成（鉄筋コンクリート造り、地下一階地上五階、塔屋一層付、延五、二七六平方米）
昭和四十一年九月　本館更新第一期工事着工（旧本館北側解体）
昭和四十三年七月　第一期工事（本館）完成（鉄筋コンクリート造り、地下二階、地上十階建、塔屋二層付、延一三三九四平方米）
昭和四十三年九月　本館更新築第二期工事着工（旧本館南側解体）
昭和四十四年十二月　第二期工事（新館）完成（鉄筋コンクリート造り、地下一階、地上五階建、塔屋一層付、延二八二六平方米）全館落成となる

2　施設の概要

所在地　東京都千代田区富士見町二の一〇
分院　東京都国分寺市西元町四の八
電話　加入電話　（二六三）一三七一（代）
　　警　電　五三六一の二
交通の便　国電（中央線）飯田橋駅西口、又は地下鉄東西線飯田橋駅徒歩三分
診療科目　内科、神経科、小児科、外科、整形外科、脳神経外科、皮膚科、泌尿器科、性病科、産婦人科、眼科、耳鼻咽喉科、気管食道科、放射線科、歯科、麻酔科、形成外科、胸部外科、　分院内科、小児科、外科、整形外科、眼科
構造規模　鉄骨鉄筋コンクリート造、　地下二階、　地上一〇階建、塔屋二層付、但し一部は地下一階、地上五階建、敷地五五五四、五〇平方米
建築面積　二七四一、〇四平方米　（本館一三九四、四五平方米　新館四八一、七七平方米　別館八六四、八二平方米）
延床面積　二一三九六、四三平方米（本館一三二九四、二一平方米　新館二八二六、一六平方米、別館五二七六、〇五平方米）

病床数　五四三床　分院　一五二床
職員数　七一〇（医師　一六〇　看護婦　二五〇　副医療　一三〇
　薬局　二五　事務　六五　その他　八〇）（分院　九六）

二　壮心　壮遊

在京の青年実業家を中心に各界の変わり種が集まり、十一日会と称して毎月十一日花月で宴を設け親睦を図っていたが、私も昭和の初めに清水揚之助、太田亥十二両君の誘いに従って入会した。この会は初入会者が幹事となり、其の初回の会費全部を負担する慣例であった。小役人の私にとっては大きな負担であったが、これを毎回に割り当てれば大したものではなく、一夜の清遊を花月で為し、少壮有為の変わり種と意見を交換し、実業界の事情を聴取することが出来て、まことに有意義であった。殊に画壇の平福百穂氏と会談したことは、同氏が「斯民」の表紙を描かれた当時を思い出して、親しみを深くするものがあった。

昭和三年の秋頃、安田善五郎君が周り回って幹事となり、一切の会費を負担する事になったが、其の実施計画を私が一任される羽目になってしまった。そこで当時警視庁の保安部長であった私は、彼等に東京の風紀衛生の状況を見学させてやろうと計画した。当日は先ず警視庁の検閲室で映画のカットした部分の試写会を披露した。流石に彼等も顔を上気させ其の眼差しが輝いた。続いて車を連ね浅草の日本堤にある最新式の牛乳処理場を案内し、私が衛生部長時代に苦心した牛乳問題を紹介しつつ、低温殺菌による飲用牛乳の香味を満喫させた。愈々吉原に乗り込み、御茶屋に勢揃いして洋服の上にドテラを着込み、角海老楼に繰り込んだのであった。当時角海老楼の主人遠藤氏は府会議員で、政友会の地方有力者でもあったので、私は予ねて警視庁の幹部として接触があった。殊に大震災後遠藤氏は焼け跡にバラックの遊郭を応急建築したが、これでは外交関係の接待に事欠くので、その後之を改築しようと、幾度か私の前任者に申し出ていたが、建築物取締法令上認められず困っていた。たまたま私が保安部長となるや、遠藤氏から再び改築の申出があったが、私も法令を曲げることは出来ないので、種々熟慮した結果、仮設建築物の屋根を直すことを名目にして屋根を取り払い、その上に階を重ね屋根を設けて二階建てとし、仮設建築と雖も一応の規模を整えた上で内容を整備すべきを示唆したところ、遠藤氏は其の通りを実行し、帝国ホテルにも勝る寝台を備え、照明にも工夫を凝らして外国の賓客を接待するに恥ずかしからぬ施設を実現するに至ったのである。こうした私との関係もあり、又東都の少壮実業家と名士の参観会合に気をよくした角海老楼は、先ず全館の畳を取り替え、座布団を新たにして一行を迎え、同楼の娼妓を全部古式の紫天神髷、打ち掛け姿となし、吉原のタイコモチ、老妓を召集し、二の膳付の接待であった。高膳には主人の遠藤氏手作りの菊花の料理を初め珍味をしつらえ、芸妓は吉原流の妙技を演出したりしたので、一同は大満足で吉原情緒を味わい、紀文以上の豪遊だと感嘆しきりであった。私は職務上吉原を一同に検分させた上は深入りすることも出来ないので、お先に失礼したが、同士の中には更に吉原の真の情味を味わった者もあったようで、帰りには全員に記念として銀杯が送られ、其の後の語り草となった。私はこの計画が帝都の風紀衛生を少壮実業家に親しく見てもらい、将来の取り締まり改善にも資するところがあったとほくそ笑む半面、安田君一人にこの会に要した数万円に上る多額の費用を負担させてしまったことは、安月給取りの私から見れば如何にも気の毒に思えたが、天下の安田の御曹子には左程のこともなかろうとも思われ、先ずは良い思い出を残したものである。

（昭、三九、二、一一日 記）

三　金玉酒

人間にとってまことに大切な金玉が、何故人体の内部でなく外部にぶらさがっているのか、保護の上からすれば体内に在るのが当然ではないかと疑いを抱き、幾人かの医学者にも聞いてみたが、医学の研究が未だそこまで届いておらないのか、私を納得させるだけの御説を拝聴したことが無い。もともと金玉は胎児の体内に発生し、胎児の成長に従って下降し、ついに陰嚢内に収まるものの様で、この金玉から精子が分泌され精嚢腺で蓄えられるのである。一般的に精子にとって快適な条件は体温より低いもののようで、これが金玉の体外にぶら下がり、陰嚢の皺は温度を調節するラジエターの役目を果たしていると聞いているが、今更改めて私はこうした金玉の位置や機能について述べるつもりはない。又かつて長岡隆一郎氏が和歌山県警察部長時代、馬の金玉を鶴の肉と称して和歌山市の芸妓に振る舞い、大喜びでお相伴に預かった綺麗どころが、真相を知らされて一斉に大吐瀉を演じた悪戯を再現する積もりでもなく、男の意地として金玉酒をやった経緯を述べ、官界で大げさに誤り伝えられた金玉酒の真相を明らかにしたいと思うのである。

昭和四年七月私は住み慣れた警察界を追われて陸奥に下り、渾身の努力を傾けて緊縮予算を編成しながら、恵まれない山形県の為に災害復旧の起債許可を取り付け、同県の道路橋梁改修の基を拓きつつ助長行政を身につけ、役人として鬼に金棒の体験を積んで将来を図ろうとしていたが、これは浜口内閣の非募債政策、緊縮政策に反し、民政党の党利党略に反し、政友会的拡張政策を採る者として、在任僅か六ケ月で昭和五年一月青森県へ転任を命ぜられてしまった。悲憤やるかたなく一時は辞任も考えたが、辛くも同友に慰留されて、新任地に赴任することとしたのであった。一月中旬積雪深い青森市に単身赴任し、旅館の一室に旅装を解いたが、着任二日目に内務部諸君の歓迎会に招待され、その翌日の夜私はこの返礼の招宴を張ったのである。着任直後のこととて青森市は勿論のこと、青森県の様子も皆目解からず、殊に意に添わぬ転任であったから、私の気持は落ち着かないものがあったが、私は私なりに料亭では主人役として新たな部僚諸君の接待をしていたのであった。すると宴の半ばにして別席より民政党幹部の呼び出しがあった。私はこの夜の主人役として席を外し難いことを述べてお断りしたが、しばらくして電話口までにとの仲居の知らせで席を立ち、電話ボックスに入ろうとしたところ、突然屈強な男の暴力で二階の別席に押し上げられてしまった。

そこは民政党代議士、幹事長等が催す宴席であった。私は已むなく招席についたものの、何かと私に注文を付け、民政党の威風を示すように感じられてならなかった。私は私の催した宴の主人役としての座を強引に放棄させせられ、然もこの威圧的な党人の言動に憤慨し、既に転任の際辞任を覚悟した私であったから、役人を去勢して政党の下風に立たせようとする彼等のやり方に我慢が出来なくなって、「役人にも金玉のある者がおるぞ」と怒鳴りつけ、やにわに袴をたくし上げて金玉を出し、之をお膳の上に引っ張り出して酒を注がせ、このお膳を手にして「我が金玉酒を受けてみよ」と豪語したのであった。流石の民政党の幹部諸君もあっけにとられて退散し、私はなに食わぬ顔で自分の宴席に戻り、引き続き部僚の接待に当ったのであった。このことが針小棒大に宣伝され、政党内は勿論のこと果ては内務省まで伝わり、私は某局長より難詰される羽目に至ったが、今に伝わる「川村の金玉酒」の真相は以上の通りである。

青森県への左遷は私を憤慨させ、こうした事件もあって当初は消極的態度を取っていた私も、東北の恵まれない現況を目の当たりにしては、持って生まれた私の根性が収まらなくなり、且つは部僚の嘆願もあって、国立リンゴ試験場の設置、八戸港改修問題、県営電気調査会予算等、知事の好まない事業の推進に力を致したが、やはり心の一隅には何となく不満が残り、役人の常識を逸するものがあった。独身官舎の一升徳利で新聞記者を喜ばせ、野田川の野外天ぷらに部僚と楽しみを共にするなど、役所仕事よりはむしろ慰安的執務ぶりとも取られ勝ちであった。従って目新しいことや面白そうなところへは部僚の進めるままに出掛けて行ったもので、青森県の畜産事業の一つであった馬の去勢時期には、検分監督と称していそいそと出張したが、ゴロリと落ちる馬の金玉を、そのまま捨ててしまうのが如何にも惜しまれたので之を持ち帰り、料理屋でカツレツ式に料理して試食させたことがある。且つて長岡氏が芸妓をだましたのとは異なり、私は堂堂と馬の金玉であることを明示して試食させたのであるから、罪は万死に当たら無いどころか馬一頭に付き一ケ所にしかなく、而もそれが生命の根源であることを思えば、金玉料理こそ貴重なホルモン料理であると今に思っておるのである。

（昭、三九、二、一四　記）

四　捨て身の戦法

我が過去を顧み、殊に役人生活を回顧して、私は屡々保身に囚われず、所謂フロンティアー精神に徹し、捨て身の戦法を以て事に当たった処、解け難い難問も自ずから解け、閉ざされた道も自ずから拓かれたことを体験したが、これも生家が安泰で理解ある兄が家郷にあり、いざという時の援助が期待出来たのと、私自身も自活しうる自信があったので、自ら信ずるところを断固行ない得たのであろう。

この好個の一例が山形県東根保養所の設立である。従来山形県赤十字支部は赤十字の費用を負担しながら、秋田県のように県内の赤十字病院で直接医療を受けることも出来ず、従って不足がちな看護婦の養成も他府県に委託するの他なく、地元にとっては何の恩恵も受けることがなかったのである。これ程の差別待遇を見せつけられては、赤十字支部長として唯々諾々と募金を続けるわけにはいかない。幸い山形県下には数十カ所に亘って温泉が湧出し、其の泉質は優れ、種類もいろいろあるので、この温泉を活用して県内に赤十字の保養所を誕生させ、県民も身近に赤十字の恩恵に浴することが出来るようにすれば、赤十字募金の意義も深まり、県民も募金に快く応ずることが出来るであろうと思ったのである。

こうした見地から、私は庄内、村山、置賜の三地方に温泉を利用して保養所を設置し、赤十字社員のために広くこれを開放しようと企図していた。たまたま置賜地方にはラジオ放送返還金を償還資金とし、衛生恩賜金を活用して白布高湯温泉地に虚弱者の保養所を建設することにしていたので、赤十字関係は庄内、村山両平野の温泉地に建設しようと、両地方を勧説したが、庄内地方は之に応ずる気配は無く、村山地方である東根町の工藤町長は私の勧説に共鳴し、温泉地二千坪の提供を快諾されたのであった。

そこで私は直ちに赤十字社本部に対し、保養所設置の趣旨を述べ其の了解を求めたところ、同社に於いては先例の無いこととして之を拒否してきたので、私は支部長として其の職責を全うし難いとの理由で、支部長辞任の辞表を提出したのであった。驚いた内務部長の土岐銀治郎君が、其の処理を本社と打ち合わせた結果、中川副社長の実地検分となり、遂に設置が認められるに至ったのである。私の捨て身の戦法が見事に的中した一例ではあるが、之が日本に於ける赤十字社保養所の嚆矢である。大東亜戦争に入ってからは傷病兵を収容施療する東根療養所となり、昭和一六年夏、たまたまこの地を訪れた私は、傷病者を慰安しつつ往時を顧みて、まことに感慨深いものがあった。只、昭和三十七年以来共産党員の策動によって同療養所は紛糾したが、武田忠三郎事務局長の努力によって北村山郡組合病院として独立し、地方の医療に重きをなしつつ今日に至っている。

（昭、三九、二、一四　記）

五　民情交流の六十里越道路

鈴木政友会総裁のお心遣いと、山形県代表の運動が効を奏して、私は懐しい山形県を引き受けることを決意し、昭和六年十二月十八日付けを以て「山形県知事」の辞令を拝受し、たまたま県議会開会中のこともあって早々に赴任したのであった。私は先ず山形県の民心を察して「山形県の検診と治療」

なる拙稿を山形新聞紙上に発表し、着々施政の方針を実行に移したが、兎角山形県は、置賜、村山、庄内の三っのブロックに分れ勝ちで、県政の運用上にも、支障を来すことが度々あった。之も各地夫々の歴史的伝統があって、一面には已むを得ない処であろうが、経済文化の進んだ今日において一地域にこだわることの理非は明らかであろう。私は先に内務部長として災害復旧費の起債許可を取り付け、県内の道路橋梁の新設改修を進め、地域間の交流を深めることによって地域性を打開しようと試みたが、休退職期間を過ぎ長官として再びこの地に赴任してみると、相変わらず根深い地域根性があるのを見て、何とかしてこの地域性を是正しようと決意したのであった。

この地域的根性を打破するには、先ず地域間の交流を盛んにして有無相通じ、相互に理解を深め合うことより始めなければならないと考えた私は、引き続き道路の改修、橋梁の架け替えを重点に交通の便を図ったが、そもそも山形県を東西に二分し、その交通を阻むものは月山であった。私はこの月山を横断する自動車道路を建設し、これによって庄内、村山両地域の物資の流通を図り、民心の交流を深めようと決心するに至ったのである。しかし県議会が開会中ではなかったので、この計画六十里越道路改修の経費予算五十万円を参事会に提出して（当時としては多額のもので当然県議会に提出すべきもの）参事会員を動かし、私は下痢を抑えて現地視察を敢行し、途中で腹痛の為にやむなく引き返すようなこともあったが、遂に之を可決に至らしめたのであった。しかるに犬養総理の凶変に伴い政局は変転し、私は昭和七年六月二十八日を以て休職知事の名を冠せられ、七月五日山形の地を去ることなったので、道路工事の施行を親しく検分することは出来なくなったが、後任者の好意によって之が完成を見るに至り、月山登山者の便はもとより、地方交通の至便となったことを、東都の浪宅で仄聞し心秘かに喜んでいた。偶々昭和十六年の夏、最上川耕地整理組合の初開墾地十町歩の視察を升川勝作氏より招待され、最上川の簗場に妻を伴い清遊を試みた際、六十里越道路によって山形県の一寒村が見事に厚生した姿を目の当たりにして喜び限り無く、六十里越道路入口の西村山の酒造家設楽規矩三郎氏が態々醸造するところの「大観」の美酒を届けられたことは、私にとって感激であった。かつての果断が今は好き美果を結んでおり、しかも十数年を経て猶これが私の施策の賜であると感謝され、贈られた銘酒の芳味に心温まる思いであった。その後、昭和三十五年五月八日の緑の週間に当たり、天皇、皇后両陛下が山形県に行幸啓遊ばされた際、私は知事の招待を受け、妻を伴って山形県を訪れたが、同県公安委員長鈴木清助君がその職責の重大なる身にも拘わらず、私たち夫妻の為に赤十字社山形支部の自動車で村山地方を案内せられ、升川勝作、設楽規矩三郎両氏の御霊に詣ずるの機会を与えられ、重ねて六十里越道路の入口に立つ時は、往時を偲びまさに感慨無量であった。

（昭、三九、二、一三、記）

六　民心を得た洋梨栽培試験

三笠宮殿下は毎年五色温泉にスキーにお出でになっていたが、歴代の知事はその御帰京に際し、屋代村産の西洋梨を献上していた。しかし立派な容器の中に納められた洋梨が、果たして宮様のお口に入ったか否かは判らない。そこで私は、長官となるや宮様がお着きになったとき、山上の御嗜好品として屋代産の洋梨を献上したのである。山谷の温泉のこととて他にお召し上り物が無かったのか、この洋梨が宮様のスキー後の涸れた喉を潤し、お気に召されたのであろうか、殿下は御帰京に際し御母上様への御土産として、この洋梨を御買い上げになったのである。初めてお買い上げの光栄に浴した屋代村の喜びは大変なもので、小学校に杉の大アーチを作り祝賀会を催してこの光栄に応え、私の措置に対して謝意を表されたのであった。

私はこの祝賀会開催の企てを聞き、何とかこの機を利して洋梨の栽培を促進しようと決意し、御下賜になった酒肴料の一部と県費を以て、県営農事試験場に洋梨の模範園を設置することにした。たまたま屋代村の有力者長谷川平五郎氏が、洋梨栽培試験のため、先祖伝来の優秀な田畑を提供されるに至ったので、私は国民新聞社川上支局長、山形新聞社斉藤記者の意見を入れて、五寸角丈余の檜の柱に「山形県洋梨栽培試験地」と拙筆を揮い、殿下御下賜金の一部を奉書包みの侭にしたものとを持参して祝賀会に望み、村民と共にこの日を祝い、洋梨栽培の増殖と郷土物産の開発を心から祈念したのであった。これより同地方の洋梨栽培は著しく進展し、長谷川氏の援助もあって栽培者は次々と拡充策を樹立し、私も亦この洋梨を西園寺公に贈って感謝されたことなどを告げ、大いに地元民の熱を煽り立てたので、この地方の洋梨栽培に対する意欲はいよいよ熾烈となり、今ではその収穫高も十数倍に達し、その名声は全国に知れ渡っている。

この事あって以来、元来民政党の地盤であった同地方は、私を援助する政友会に好意を寄せるに至り、翌昭和七年一月の総選挙には、この地方を地盤とした政友会系候補者は多大の得票を獲得したのであって、選挙も平素より産業を奨励し、民心を得ることの意義を痛感したのであった。東京の市谷田町なる私の宅地内には、今でも山形県より移植した洋梨の木が年々清楚な花を開き、数十ケの見事な実を付け、我が家に山形の味覚を伝え続けているが、之もその名残である。

（昭和、三九、二、一三、　記）

七　人事相談

1　名士と名妓

昭和六年一二月六日付を以て私は山形県知事に任命され、其の一八日山形県より出迎えの人々が四谷の浪宅に集まった。その中に頭をたれ神妙に片隅に端座する青年があった。彼は私が山形県内務部長に赴任した当時（昭和四年夏）大学を卒業して山形県に奉職していた。頭も切れるしなかなかやり手の、将来を嘱望された能吏であった。私は青森県の内務部長に転出するとき（昭和五年一月）この好青年に対して『将来ある身、どうか女だけには注意して欲しい』と訓戒を与えたところ、彼はいたく憤慨して「女如きものには」と声を顫わせて抗議していた。しかるに私が知事として山形県に乗り込んだ直後の、政友、民政の各議員の招宴の席で、彼と芸妓との関係を耳にした。彼女はなかなかの名妓であったが、いつしか二人は切っても切れぬ仲となり、彼女はよく毛布をかぶっては彼の下宿に通うようになり、遂には彼に淋病を移してしまった。この他将来を属目されている若手県議が別の名妓と恋仲となり、妻子を省みず只管彼女に心を傾けていることを聞き及んで、私は優秀な官吏、有為な若手県議の将来を思い、何とか之を解決してやろうと二人の芸妓を千歳館に呼び寄せた。其処で私は二人を諄々と説き、県議の彼女に対しては救世軍に入隊するということにして一時東京に出奔させ、暫くほとぼりを冷まさせることとし、其の代償として彼女が政友系の宴会に出席し得る様にし、（当時政党間には夫々の芸妓があって他派の会合には出席しない風習があった）ここにこうした関係を遮断し、一方青年官吏に対しては淋疾治療を促進させ、既に約束した良家の子女と婚約することを決意させたのであった。

この解決は何れも美果を結び、県議はやがて代議士となって活躍し、青年官吏は漸次出世して子女を設け、立派な家庭を営むに至り、一方の芸妓はその後代議士夫人として夫を助けて内助の功をあげ、他方の芸妓は私の在任中は新聞記者操縦に敏腕を揮い、特高課長を助けて新聞記者を煙に巻くの意気を示し、その名妓振りを山形に轟かせたのである。

2　真面目青年と芸妓の恋路

私が大正六年九月本所太平署長となったとき、筒袖姿の一人の給仕が居た。私が署長として巡視する合間を見てはドアーの取っ手を消毒したり、昼の弁当を見計らっては出してくれるなど、なかなか心利いた少年であった。私はこの少年の将来を期待し、私が内務省に帰ってからも夜学を続けさせ、東京高等工業学校の夜間部を卒業すると、警視庁保安部工場課の雇員とした。偶々関東大震災の起こるや、自分の生家を顧みることなく、私の留守宅に駆けつけ、私の家族を見守ってくれた。その後私は大正十四年九月警視庁に再奉職し、昭和二年十一月保安部長となり、彼の直属上官となったが、彼は相変わらず真摯な精進を続けており、同輩よりは親しまれ、上司よりはその誠実を愛されていた。私は彼を雇員より技手にひきあげ、周囲より属目されつつ吏員としての前途は明るいものがあり、その姉は浅草の商家に片付き、父母亡き後も姉弟仲良く暮らしていた。

それから数年を過ぎ、昭和七年二月休職となった私が、四谷の浪宅で無聊を託《かこ》って居るとき、彼の青年が突然来訪し「先生私を匿って下さい」という挨拶に聊か私も驚き、其の訴えに耳を傾けた。その訴えによれば、彼が渋谷方面を巡視中或るカフエーで休憩していたところ、隣のテーブルに座っていた女が誤ってコーヒー茶碗を落として割ってしまい、その女の抱え主と思わしき者より、痛く叱責されておるのを目の当たりにして気の毒に思い、彼はその弁償を買って出て女の急を救ってやった。女は渋谷の芸妓であったが、之が奇縁となって彼女は只管彼を慕い、彼も亦彼女の真情にほだされて憎からず思うようになり、やがて彼女は一家を構え彼を之に引き入れ、彼を丹前姿にまでする関係とはなったのである。しかし彼は警視庁勤務という職務の関係上、このことの上司の耳に入ることを恐れ、且つは姉の切なる忠告もあって、彼女に別れ話を持ち出した処彼女は承知せず、遂には刃物沙汰にも及ばんとし、驚いて私の浪宅に救いを求めたのであった。

私は当時市ヶ谷に住宅を建設中で、其の主任に和田鉄次君を当てていた。この和田君というのが亦仲々面白い人物で、湯が原の石工であったものが、新潟県の寺泊で埋立て工事を請け負い、資金に窮して私の親友相沢肇君を通して私に接近したもので、、私の住宅用地を見付けることに努力し、住宅建築に当っては血書による懇望あって、建築は和田君に委したようないきさつがあった。私は先ず和田君と相談し、和田君を渋谷に送って彼の芸妓と懇々話し合いをつけさせたが、一升徳利の効果と和田君の美声は遂に彼女を納得させ、漸く彼との関係を絶つに至らしめ、彼の姉も痛く喜んだのであった。然し其の別れ話をつけ荷物を引き取りに行ったとき、彼の目覚まし時計が偶々修繕に出されていた。和田君の美声と意気で一応は片付いたかに見えた両者の仲も、離れてみると共に耐え難いものがあり、彼女は彼の住所を探知し、修繕の終わった目覚まし時計を彼に届けに行って、再びよりをも戻してしまった。こうした弟の身を案じつつ、彼の姉は突然黄泉の客となってしまった。私はこのことを聞いて心を痛めたが、両人が真に愛し合い、夫婦として立派な家庭を築き上げ、意義有る人生を送るならば、許されるべきものであろうと思うに至ったのである。彼もこうした私の心中を察し、亡き姉の言葉を偲びつつ努力精進を続けている。

3　我が子無きに迷える名士

昭和二年私が警視庁保安部長として建築行政の改革を断行したとき、建築新聞の一記者が、私の改革に共鳴し種々懇談したことがある。この記者が社長と衝突して同社を去り、独立して建築関係の新聞を発刊しようとしていた。が資金に窮して私に相談に来た。そこで私は親友の清水揚之助君に同君の援助を依頼し、清水君の好意によって同記者は新聞を発行する運びになったが、更に資金を要するに至ったので、私が改革した建築規則の解釈を田中建築課長に為さしめ、その解説書を同記者に発刊させ、その利益を同君の処理に一任することとして援助してやった。その後同記者は精力的に活動し、建築界に新風を漂わすに至り「建築知識」という雑誌も刊行し、私の新築家屋や次兄の家屋を写真入りで発表するなど目覚ましい活動をなし、清水組とも緊密な連絡を取り、清水揚之助君を助けて縦横の活躍を為し、大東亜戦争には海軍施設本部と連絡し建築界に雄飛するに至り、終戦後は参議院議員に出馬して当選三回、今や参議院に重きを為している。

こうした活動家でありながら家庭的には気の毒なことが多く、戦前には屢《しばしば》女の問題で私を困らせたものである。昭和十年頃であったか熱烈な恋愛で結ばれた夫人と其の胸の病の為に別居し別れ話まで持ち出すに至り、その寂しさを慰めるためにゴンドラの女と懇意となり、夫人を湯が原に別居させるに至った。しかしこの美壮年記者の発展はバーより吉原芸妓に進み、子なきを憂えていた彼は、其の吉原芸妓が自分の子供を孕んだものと思い込んで大変喜び、私に報告する程であった。私も子なきを嘆く彼には同情したものの、彼が青森の名家に生まれながら、余りにもあっさり吉原芸妓と一緒になることには納得がいかないので、一応牛込神楽坂の「左近」に彼女を呼び寄せ、色々事情を聞いてみたが、彼女の話にも余りすっきりしないものを残しながら、彼女は帰って行ってしまった。然し私は彼の只管な思いに同情して、福本君と共に彼女の動静を探ったものである。其の後柳橋で同記者に招かれ彼女共々話をしたが、彼が結納金まで彼女に渡して居ることを知って私は彼女に態度決定を迫ったが、今一歩というところで彼女に煮え切らぬものを感じたのである。些か不審に思いつつ数日を過ごすと、彼女は別の青年を同道して私の宅を訪れ、結納金を返却し、此の青年こそ本当の腹の子の父親であることを告げられて、私も唖然たらざるを得なかったのである。早速このことを彼に告げると彼も驚き且つ悲しんだが、今更如何ともし難く其の返された結納金を納める外に術は無かったのであった。彼の悲恋とその後の経過に付いては知る由も無いが、私は一日銀座のふぐ料理屋で偶然彼女に接し、過ぎにし時を思い出し、彼の記者の現在とを思い合わせ、更にいそいそと働く彼女の夫の生き活きとした姿を見て彼女一家の幸せを祈り、彼の記者の今後の発展を祈念したものである。

（昭、三九、二、一一、記）

八　記者諸君の支援

役人根性の女性的、陰鬱的、批判的態度は、私の男性的、開放的、創造的態度とは相反撥し、常に私の役人としての活動も制御されたが、流石新聞雑誌記者諸君の六感は鋭敏で、この相反関係を巧みに利用したものらしく、私も亦この新聞雑誌記者諸君を活用しようとした。こうした相互関係で私にとって手助けとなり、記者諸君の応援を得たことは多大であつたが、特に面白かったことを書いてみたい。

1　警察協会幹事後藤狂夫君の支援

同郷の先輩で三河郷友会の監督をしながら、警察協会の事業殊に雑誌の編集に当たっておられた同君は、私の研究態度に好意を寄せられ、私の書き下した遺失物取扱、売娼婦の研究、国史の成跡、水災警察、細民警察等の論文を協会雑誌に掲載するの労を取られ、私を官界に広く紹介されようとしたもので、私はこのお陰で原稿料が入り、酒食を初めあらゆる交際をなすことが出来、俗社会の内情を探知することが出来たのである。

2　警察新聞社の支援

同社社長中村弥助君と記者の富益義衛君は、私の警視庁改革観に賛意を表され、私の原稿を連載して警察界を啓蒙することに意を用いられ、私も新進の青年官吏として、兎角旧態然たる警察界に新風を吹き込むことに心がけ、警視庁内に相当の賛同者を集めたものである。殊に富益君が「天恵の湯」を誌上に載せられたことは、一警察署長の社会政策の現実的施行を天下に示し、私が中央の社会救済事業家の目に止まったのもこの故であり、小記事とはいえ今に感謝している処である。

3　岡見斉君の後援

内務省に勤務するようになつてから社会部の記者諸君と懇意になり、殊に東京毎夕新聞の記者岡見君の奇行は、私と一脈通ずる処があって親しみを覚えた。台湾行啓に際して同君と共に面白い逸話を残し、同君が東京朝日新聞の記者に転じてからも政治、社会両面の活動は目覚ましいものがあった。選挙に際して山岡警保局長を苦しめ、岳父杉山四五郎を窮地に陥れようとした時、私の懇請によりことなきを得たことや、甘粕事件についての特種を紙上に賑やかし、二、二六事件に際しては私に色々と示唆を与え、私の新居の神棚を天下に紹介したことなど思い浮かべれば限りないものがある。私の洋行に際しては同志と共にわざわざ送別会を柳橋に催し、洲崎の遊郭に繰り込むまでに至り、私が山形県知事時代にはわざわざ山形まで訪れ来て、丹生川辺に清遊を試みつつ相励ましたことなど、公私に亘って同君に負うところ多大なものがあった。

4　医海時報田中社長の支援

衛生局在勤当時、保健衛生に関して医海時報は健筆を揮って衛生行政を批判したものであるが、同社田中社長は私とは何となく付き合い良く、同紙上に私の原稿を掲載して私の主張を支援するの態度を示されたもので、私が衛生行政関係に多くの論説を書きうるに至ったのは、同社の支援に基づくものと今に感謝している。

5 日刊各社の記者諸君

私が警視庁衛生部長となるや衛生行政の庶民化、普遍化を図り、衛生行政は庶民の日常生活に直結するものであることを一般に知らしめ度いと思い、之が為には日刊紙を利用し、記者諸君の健筆に期待すべきを痛感したのである。兎角従来は刑事事件を重視した記者諸君に対して、私は刑事事件の有無を調査し、その記事無き時を利用して、記者諸君に衛生警察に関する記事を提供し社会面を賑やかした。そこで社会部の記事も漸く衛生記事が一般にもてることを知って、記者諸君も進んで私に接近するようになり、時事新聞の松崎君の如きは衛生記事専門の優秀な記者として、私の陰の後援者ともなり、私が岡見君を通して東京朝日の編集室に遠慮無く出入りしたように、松崎君を通して時事新聞の編集室に勝手に入り込むことが出来た程であった。

6 各地方記者諸君との交わり

山形、青森両県に内務部長として在勤した当時、私は女房役として内助的であって地方新聞と東京の新聞との難しい関係を考慮しなければならないので、新聞社関係の多くは知事に一任したものであるが、記者諸君が私に寄せられた同情は多大なものがあった。従って私に関することは大小となく記載され、私の転任についてはその裏面をも探索して同情有る記事を書き、私を励ましてくれたものである。

犬養内閣が組織されるや、国民新聞山形支局長川上氏はわざわざ東都に乗り込み、青木県会議長と共に県民を代表して、私の山形県知事就任を当局に勧説した程で、私が山形県知事の時代には、同地の新聞記者諸君は地元たると東京方面たるとを問わず私を支援し、山形新聞に掲載した「山形県の検診と治療」なる私の記事を見て、其の施策を全面的に援助し、まさに記者諸君が私の参謀格とも云う程であった。従って記者諸君と酒宴を共にし、酔余の結果は私の寝室までも襲われる程になり、公私相親しみ相扶けること多大なものがあったので、私が山形を去るときの如きは、相互に別離を悲しんだものであった。

7 内務時事新聞社の森君激励

森君が警察新聞より独立して内務時事新聞を発刊するや、私は浪人気分の発散のため同紙を利用し、私見を述べて時事を論じ、倒閣運動を促進したものであるが、同紙の継続困難となり私の知らぬ間に廃刊となったのは今に遺憾として居る処である。

（昭、三九、二、一九記）

九　選挙の思い出

1　選挙の特別規定

父義真は第一回衆議院選挙に候補者として選ばれたが、代議士となる資格がないとして直ちに辞退し、岳父杉山四五郎は一度当選したが、二度目には落選した。私は官界に身を投じ警察関係の職務に携わり、選挙の実際を見たり聞いたりした。殊に警保局保安課に於いて高等警察の事務に当たり、各地方及び補欠選挙を監視し、大正の中期より普通選挙法について、各方面の論議喧しき時、警保局に於いても其の選挙の取り締まりについて調査研究の歩みを進め、私も主管事務官として之に携わった。私は警察当局が選挙に関し特別の取締規則を制定するに付いては、官僚殊に警察当局の心事責任には了解しうる点もあるが、私一個としては選挙について、一般刑法罰則以外に特別に選挙取り締まりをなし、罰則を以て之に臨むことは好ましからざるものと考え、普選法審議の時は、極力自説を述べ我が主張を通さんとしたものであったが、多数に押し切られ、罰則を規定した選挙法の警察取締に依らなければならなくなった現在を見て、誠に遺憾に思って居るものである。

2　選挙法の理想

そもそも政治の運用は人に在るものであるから、この人を選びに政治を託するに付いては十分注意すべきは当然で、民主政治の施行されている今日、この選出方法に付いては格段の考慮を払う必要がある。私は現行の選挙法には飽きたらぬものがあり、私としては衆議院選挙に付いては、先ず市町村議会議員選挙に普通選挙法を実施し、次にこの市町村議会議員によって県議会議員候補者を選んで選出し、第三に県議会議員をして衆議院議員候補者を選んで之を選出し、無用な選挙運動を省いて選挙による国民の法定秩序の破壊を防ぎ、市町村議会議員選挙を十分監視して県議会議員、衆議院議員選挙の適正を期し、参議院議員の選挙は各種団体、職域より候補者を選定選出し、政党色を脱皮して二院制度の実を挙ぐべきものであると思うものである。従って選挙に当っては、国民のあらゆる能力の代表者を選ぶべきもので、徒に言論文章のみが重視され、他の能力が蔑視されるが如き現行の選挙法、選挙運動に対しては大いに異議があるのであって、口舌の議員を輩出しつつある現況を苦々しく思い、人格識見共に高い人物を選出するの方途を、速やかに案出すべきものと思うものである。

3　過去の選挙

政党政治華やかなりし時代に於いて、私が選挙の取り締まりを為し、亦野党の監視員として活躍したことを述べ、昔の選挙が如何に施行されたかを明らかにし、今後の選挙取り締まりの一助に供せんとするものである。

① 昭和六年九月施行青森県議会議員選挙の監視

イ 病躯の静思

地方政戦は日を経るに従って激しくなった。国本社の一角に立て籠って静かに之を眺めつつも、軍政改革その他を原因として、民政党内閣を瓦解せしめ、挙国一致内閣を出現せしめんとの思いを練り、事を図っておった矢先、各方面よりの政戦情報は、何となく私をいら立たしめるものがあった。為すべき事の多くして、而も五月末の胃痛は何となく私を不安に置いたのみならず、八月末の我が家の病人続出、病院通いに加えて、私も遂に瘍に犯され、次女の眼病、次男の腫物、妻の悪阻と、共に四十二の厄年をはっきり意識させた。妻は病床に臥し児は病に泣き、倒閣の謀は密にして政戦は酣となり、私の苦悩と焦慮とは並大抵ではなかった。

ロ 懇請回避

私は平素一党一派のお先棒となり、自ら進んで地方政戦の渦中に投ずるの愚は避けなければならないと考えていた。今回もこの持論を犠牲にしたくはなかったが、只仇敵に一泡吹かしてやるべき好機であるとも考えていた。私の決起を促すごとく政友会党務部藤沼氏より飛報あり、山形県政友会党務部長鈴木清助君は上京して来るなど周囲の情勢は刻々と迫って来た。が私は腫物の危険性を以て応援要求を拒んでいた。遂に政友会本部では、藤沼氏を私の病気見舞い旁々訪問させる事にした。私は偶々鈴木君と対談中で窓外に洩れる私の大声に、藤沼氏は疑惑の念を懐きつつ、玄関より階段を上り客間へと進み込まれた。「やあ、病気だって、仮病ではないか」「腫物の為に、この通りリバノールで湿布中だ」「成程、声は大きいが、それは難物だなぁ」私の湿布姿を見ては、藤沼氏も本気にしないわけにはいかなかった。私をいたわりながら　鈴木君と山形県の情勢を語り始めた。熟談数刻、私は私の代わりに岩本正雄君の山形行きを申出で、鈴木君もこれを了承したので、一応山形県政戦監視だけは免れた。

ハ　出廬の決意

然し残された青森県選挙監視は、猶私を攻めるものの如くであった。木下君の将来の為に同君を南部地方の有志に紹介するは勿論、あらゆる機会に同君を青森県に推薦して来たのに同君は香川県に監視に出掛け、私には腑に落ちないことであった。然し既に決定した以上は仕方がない。私の病気もなかなか治らず医師の許可が出ない。党務部の催促は頻繁にくる。已むを得ずして私はC君を推薦した。M氏と支部との交渉があって「Cでは困る」という支部よりの返電に接し、本部もいよいよ当惑した。M君のこともあったが、K君との関係で具合が悪いらしい。何としても松野総務は私を誘い出そうとしていた。斯うなっては私も最早遅疑することが出来なくなった。諸葛孔明ではないが、三度出廬を薦められ、私の所謂「羽織袴で懇請された」以上、単に私一個の主張のみ執着すべきではないと思った。東京警察病院の長谷川博士の了解を得て、いよいよ党務部の懇請に応えるべく政友会本部へ出掛けた。九月十四日午後一時私は政友会の旅費を受領し、所謂政戦監視、松野氏の「浅虫静養滞在」の名目の下に、急遽北上することとなった。

二　密行秘策

行李には孫子の新研究と瘍の薬を納め、家族と別れの夕飯を済ませ、たまたま来訪された林君と警視庁異動評をしていると、東京朝日新聞社社会部の岡見君が訪ねてきた。

「いよいよ行くか」

「羽織袴で来られてはね」

「まあ、行くさ」

密行も岡見社会部次長に見つけられては如何せん。私の態度を語り、施すべき方策を述べ、円タクをつかまえて、両君に送られつつ上野駅頭の人となった。午後十時五十分上野発、常磐線廻りの寝台車に荷物を納め、暫しの立ち話の後、両君に見送られて政戦の途についた。一夜の惑いも静かならず、仙台を過ぎてからベッドを出て朝飯を終え、新聞を一読して切抜帳と東奥年鑑とを拾い読みし、昼行の徒然を「孫子の新研究」の耽読に紛らわせつつも政戦に対する方策を練ったのである。

監視の方法

有志による訪問

有志による尾行
難問策
疑心暗鬼
利害の誘導
不一体の誘発（検事局と警察、警察部と内務部、知事と部長、警察部と警察署）
保障と剥奪
免職者の不利用
干渉者の社会的致命傷
監視よりは見学へ
宣伝戦
新聞社の利用
反間苦肉の策
写真の利用
拘引抗拒と告発方法
情報奪取
など思いつきを手帳に記した。昼食も終え、疲れた体を横たえつつも東北の風光を賞し、懐かしき青森県に入り、尻内駅より乗り込まれた堀切顧問に挨拶し、飯島君と政戦の模様を語り合う裡にも青森駅に着いた。堀切氏を迎える政友会の有志は、私の突然の来青に驚きつつも嬉しげに私を迎えてくれた。私は梅村、加賀両候補と自動車を共にして塩谷旅館に赴き、一先ず河野栄蔵君の隣室に荷物を預け、堀切氏を中心とする政友会有志と語り、政戦対策を練ったのである。

ホ　安静より仇視へ

斯くして政戦に入ったからには、仇敵の直参知事と知恵比べ腕比べをするより他はなかった。権力と金力とを擁し、多数の部僚を有する知事に対し、野党の監視員としては、只々自己の知力に頼る外はない。県庁訪問より初めて各地の政戦視察、軍資金の株分け、監視の実行、情報の奪取等、日に次いで為すべき事は多かった。支部長の支部不在、西部一郡のみに専念して全局を統括する余裕もない実況に於いては、私も亦浅虫温泉保養滞在どころでは無かった。次から次へと起きてくる問題を処理しなければならない、選挙委員大阪金之助君の目まぐるしい迄の活動を側視しては、私も独り病を託っては居られない。同君の活動を有効適切たらしめる為にも、私は半ば政友会支部長格、半ばは参謀長格で、しかも監視の役は一手に引き受けなければならなかった。勝敗は兵家の常とは申せ、私としては斯うした立場に立つの已むなきに至った以上は、仇敵の術策に乗ぜられる事無く彼等の陰険な方策を看破し、其の牙城の一角を我が手によって崩し、積年の怨みの一端を晴らさんとする復讐の一念は、湧然として心中に滾るのを覚えるのであった。

へ　策謀の一端

a　役人の味方　選挙ともなると、野党は兎角役人を敵視し勝ちとなるので、知らず知らずの裡に役人は与党に好意を寄せるようになり、自然野党は不利の立場に置かれるに至るものである。私は何とか野党がこうした愚を排して政戦を有利に導かんものと思いを練った。殊に民政党内閣が減俸問題を初め昇級停止、恩給法の改正、旅費の制限など、兎角役人に不利なことを敢えてし、役人に反感を懐かしめて居ることを看取し、是非ともこの現実を、野党の有利になるよう利用しようと思い立ち、所謂監視員の肩書きをかなぐり捨てて、先ず知事と対談数刻、役人道徳の保持より県民福祉の増進策について懇談しながらも、一般役人に対しては役人の同情者であるという態度を示し、知事の首、知事の栄進の為に部長以下を犠牲にするようなことは、役人道に反する所以を説いて知事の心事の攪乱を期し、或いは職員食堂に出かけて漫談の裡に既に内閣の崩壊は近くにあることを宣伝して役人根性に訴え、一人の知事の栄進の為に選挙干渉をして県民の総意を抑圧することは出来ないことを小刻みに話し、一人よりは百万県民の福祉こそ役人の心掛けるべきものと説き、或いは各課各署の挨拶回りをして久闊を詫びつつも、以心伝心の妙味を期待したのであった。

b　疑心暗鬼　役人と与党との連絡が密で一体となって野党に当たられることは、野党としては最も不利なことではあるが、従来は兎角斯うした結果を招来した。そこで私は先ず警察当局と検事局、内務部との間、各部各課各署との間、長官と補助機関との間に楔を入れ、一体の活動が出来ないように、あらゆる手段方法を講じて各部各局の連絡を阻止し、役人相互に疑心暗鬼の念を誘起せしめ、各個的活動以外に亘らぬよう策戦したのであった。

c　浪人不採用　所謂選挙監視制度は民政党の浪人組によって組織され、政友会も亦之に倣って、国会議員選挙に利用したものであるが、私は斯うしたことが返って役人の心理に悪い影響を及ぼし、折角野党に有利に向かいつつある役人をして方向を転換せしめる恐れのあることを看取したので、従前の様な監視隊を組織することは断然止めることを決意した。従って私が着青するや、訪問して来た浪人連中に対しては、私の決心を述べ、更に真に監視の役を引き受けんとするならば、監獄入りを覚悟すべきものなることを力説したのであった。徒に復活を夢見て請負的、その場限りの監視は何の効果もなく、却って官憲を結束させ、役人を怒らせて野党を不利に導くものに過ぎないことを語り、それぞれ各候補者に依って適当に善処すべきものであることを、それとなく説き諭したのであった。

d　牽制運動　官憲一体の勢力を挫き、与党との連携を断つことは政戦に於いて最も緊要なことであるが、更に干渉防止の方法としては、各種の勢力牽制に力を致すべきである。即ち浪人不採用によって現役官吏栄進の途あるを仄めかして現任官吏の積極的干渉を防止し、或いは干渉警察官その他の役人に対しては従来の如く官界より葬り去るに止まらず、社会よりも葬り去るの方針の下に平生の素行その他の非行を調査し、懲戒免職の材料を収集し、一旦処決を促す時は、断固として之に臨まんとするの威力をそれとなく他人を介して説示し、干渉防止に努めるは勿論、その行動を牽制し、或いは検察当局に対しては殊更に挨拶回りを為すような牽制方法を避け、現内閣の減俸問題等に業を煮やしている現勢を利用し、人を介して私の立場を説明し、公正な検察方法に出られんことをお願いするなど消極的牽制運動を取ったのである。更には一歩を進め所謂干渉の事実が有れば、告発の手続きを取り、亦尾行や事務所張り込み等の不当干渉に対しては、写真利用による積極的証拠固めを為す等の策に出で、不当排除に力を致したのであった。

e　**写真利用**　従来野党は徒に声のみを大にして、官憲の不当干渉を呼称したもののいよいよとなると、其の証拠とすべきものは判然としない怨みがあったから、私は先に倒閣国民大会に応用した写真撮影による干渉防止、証拠固めを敢えて東北の地で試みたのである。即ち野党に対する尾行、事務所張込、不当検束、与党に対する買収寛恕幇助、狩り出し見逃しの事実に対しては極力写真撮影の方途に出て、敵陣をして心胆を寒からしめたのであった。この新しい策戦行動はあらゆる方面に利用され、野党の一大武器となったのであった。

f　**新聞利用**　選挙時に於いて新聞記事が至大な影響をもたらすことは、少しでも政戦の経験有る者の体験した処である。そこで私は極力新聞社関係に注意し、先に誼を厚くした諸君との連絡は勿論、新たに交わりをかわした諸君とも互いに秘策を胸にして交わり、或いは毎夜の交誼に、或いは新情報の作成に、或いは記事の出し方に、或いは宣伝に、逆宣伝に、各時処位に応じた戦略を用いたのであって、官憲が私の新聞社買収を云々する程に、当局を悩ますに至ったのであった。殊に新聞社諸君よりの歓迎宴を催された時には、極度に当局の心を苛立てたもので、私の試みた方法が相当効果があった様に思われるのである。

g　情報奪取　所謂怪文書の名の下に、一時世間を騒がしたこともある官憲の情報奪取は、積極消極両面より視て、政戦には効果有るものであったから、私は表面無為無策の様に装いつつも、某方面の手を借り警察情報の探知に成功した。勿論その情報を利用するについては至大の注意を払ったのであって、徒にこれのみによって事を為そうとしたのではなかった。味方の激励、敵党の陥井、未確定得票の獲得、官憲の検挙阻止等と、私の対選挙策に之を利用し、味方の援助に活用したことも多大なものがあった。殊に警察官の配置、派遣、抜き打ち検挙に対する策戦等には之を利用して至大の効果をもたらすことが出来た。

h　特殊な対策　こうした一般的方略に出た他に、私は各具体的事件に対しては適当に善処し、敵の虚をつき味方の後援を為したのであった。殊に南津軽郡の候補者辞退問題、西津軽郡の激励問題、上北郡の妾問題、東郡の得票確守運動、大鰐の散歩の如きは、相当の効果を選挙場裡にもたらしたものと信じている。

i　要論　之を要するに、私は官憲を牽制しつつも一歩一歩これより先んじて事を処し、従来の如く単に消極的、防御的策戦のみに終始せず、私の全知全能を傾けて金権に対抗して政戦に善処せんことを期したが、幸いに一八対一五の成果を挙げ、仇敵に一矢を報いることが出来たことは喜びに堪えない。之も政戦に際して特に私を鞭撻された本部党務部の先輩、危機救済者たる遠藤、大阪両氏並びに心より援助せられた泉、佐々木両氏に深甚なる感謝の誠を表すと共に、各諸賢の弥栄を祈るものである。

② 昭和七年二月衆議院議員選挙山形県の情勢

イ　涙の思い出

思い出深き山形よ、涙に別れて陸奥の国さして落ち行き、林檎の色付く艶やかな姿をも仄見せずして休職となり、浪人生活に落ち込んでからは、都の空より北の国を眺めつつ幾度か袖を絞ったことか。東都に盛宴を張り、浮き浮きした情緒に浸りつつも、オバコ節、新庄節を聞いては、思わず耳を傾けそっとハンカチーフで涙を隠したもので、冗談交じりのからかい遊びにも、からかわれていると知りながら、知らず知らずの裡に露の涙に袖を潤すことかあった。遠き羽前の国山形の山河は、いつしか私の心の故郷となっていたのだ。

ロ　倒閣より山形県へ

東都に於ける倒閣運動の先鋒となり、表裏の活躍を続けながらも、思いは常に桜桃の国に走っていたが、遂に天の命、人の怨み、国民の呪いの結晶の為か、民政党内閣は瓦解した。時は昭和六年十二月十一日、怨み重なる反対党の内閣は、内閣不統一の責任を負うて総辞職するの已むなきに至り、国民批判の前に其の残骸を曝したのであった。後継内閣の組織は直ちに行われ、犬養総理を中心とする政友会内閣は見事に成立し、国民に訴える処があった。組閣に次いで地方官の更迭評議となり、国本社の一角に立て籠った私も呼び出され、平沼先生の推す警視庁刑事部長、鈴木喜三郎先生の情理に厚い推薦の静岡県知事、或いは因縁浅からぬ山形県長官と掛け声は色々あったが、山形県議会議長、山形県政友会支部幹事長の上京となって、遂に山形県民の要望は達せられ、私も日頃の思いを達し、再び任を桜桃の国に奉ずることとなった。思えばお別れしてより約一年半、幾多の試練を経ながら天運と天命とに任した甲斐あってか、懐かしき山形、私の運命にも深き縁ある桜桃の国へ赴任し、百万県民にま見えることの出来る様になったことは、私の本懐とする処であった。

八　復讐意識の赴任

十二月二十一日、上野駅頭より賑々しく送られて北へ北へと進み、夢現の裡に夜行の寝台車に身を横たえ、板谷峠を過ぎ、寝台より出て懐かしき山川草木を眺め、白がいがいたる野面を窓外に打ち眺めたときは、A一派に対する復讐の念を燃やしつつも、恵まれざる東北民殊に山形県民の為に誠意を披瀝して努力し、福祉をもたらさんものと決意したのであった。米沢駅頭官民有志の歓迎を受け、各駅に出迎える質朴な県民有志に接し、上の山で一旦下車して月岡ホテルに小憩し、家族風呂に浸って静かに思いを練り、熊皮の敷かれた座敷で床机にもたれたときは感慨無量なものがあった。県民有力者に挨拶し、朝餉の膳に就きながら、民政党治下の秕政の末路を聞き、党利党略の為には南村山郡内には一本の県道編入もなく、土木事業も一切起こされないという県治の悪績や、緊縮予算の編成を聞いては、思わず憤怒の念に燃え、党利党略の非情を思い、何時の日か之に報いんものと心に決するところがあった。庁員及び出迎えの都合を思って腰を上げ、上の山駅を発し、午前十時十二分山形駅に到着、官民有志の群がる歓迎に胸の高鳴りを覚えつつ出迎えの方々に挨拶し、揚々たる気分を以て足跡を市中に印し、恒例の三社詣でを済ませて県庁入りをした。先ず庁員に挨拶し、責任は私一身に負うを以て十分県政の為に努力され度き旨を述べ、次いで新聞記者諸君に初顔合わせをしては遠慮無き卑見を開陳し、午後二時には県議会に出席して着任の挨拶を為し、北満の大地に勇ましく勤務する我が霞城の勇士の意気を以て、私も県政掌理に当たるの覚悟有ることを述べ、県議会を通して県民に訴える処があったのである。

二　県会の監護

偶々催された民政党員の歓迎会に列しては所信を遺憾なく開陳し、額に『非民政』の刻印ある間は、已むを得ず民政党を打ち倒すの決意あるを高らかに述べ、政友会有志の歓迎の宴に列しては、私の使命を開陳して深甚の同情と支援を願い、百万県民の福祉増進の為に勇往邁進し、託された使命の遂行に遺憾なきを期せんことを思いの侭に述べたのであった。先例による市内の挨拶廻りを終えて、僅か残す処四日間の県会に臨み、着任早々にして山形、上の山間の産業道路の追加予算を提出し、政友会の修正した在郷軍人会の補助費増額には大胆に賛成し、各種の修正にも賛意を表し、前任者及民政党の政策に変更を加え、県民代表決議尊重の意義を明らかにし、積極政策遂行の初一歩を踏み出し、来るべき時局に善処せんことに思いを致したのであった。

ホ　厚賞主義

県議会も滞りなく終了するや、年末賞与の好機到来したので前年度より少なからざるものを給与し、政友内閣出現の有難味を感じ、その行く末に幸あれと祈るの気風を培養せんことを期したのであった。即ち警察部の賞与の為には特に実行予算より繰り戻し、予備費より支出を敢えてして警察官の薄幸なる生活を補い、その財政苦を緩和して職責を果たす上に遺憾なからしめんとしたのであった。

へ　小僧子の腕試し

斯くして歳末の諸事も片付、東田川電気組合の越権行動を監視し、適当なる方策を講じ、組合の歴史に汚点を残さざるよう厳戒し、御用納めの式を終えて、昭和六年の公事に結末をつけ、地方長官としての年末を迎えたのであった。

ト　正察の価値

明くれば昭和七年の新春である。山形はここ数年来の暖かさで、晴れた元旦を言祝ぎ、官舎玄関に於いて正装姿で記念撮影し、晴れ晴れした気持ちで拝賀式に臨み、官舎合同の名刺交換会の万歳三唱に当たっては、我ながら驚く程の大声で音頭を取り、官舎の元旦祝い酒には、衆と共に楽しみ、午後四時には遂に飲み潰されてしまうなど、和楽の裡に正月三が日を過ごし、人の和を以て年頭の祈願としたのであった。四日の御用始めには新春の挨拶を為し「正しく察する」ことを庁員にお願いし、来るべき時期に期する処があったのである。

チ　異動の妙味

いよいよ選挙準備に取りかかる必要が起きて来たので、先ず警察署長の異動を行い、刑事警察の充実、適材適所、行政整理の恩恵等を加味して、波乱と非難との緩和に努め、罷免者は之を他に利用して救済し、徒に人を苦しめるものでないことを如実に示し、次いで土木出張所長の異動を行って、前内閣の秕政の跡を絶ち、事務の執行の円滑を期し、土木請負業者の選定に力を用いて、前車の轍を踏むの悔いを残さないことを期したのであった。

リ　産業改革と降魔の剣

斯くして村山郡補欠選挙の対策を練り、その取締選挙費を参事会で可決させ、総選挙対策としての候補者の選定方法を審議する材料を収集し、一月中旬を期しての地方長官会議に列席し、各方面との打ち合わせを為し、帰庁の途次の汽車の中で選挙対策としての産業開発の緊要なるに思いを致し、屋代村の洋梨問題を耳にして、益々産業政策を以て選挙に臨まんことを決意し、右に降魔の剣を撫し、左に産業振興をかざし、一挙に反対派の地盤を切り崩し、之を粉砕せんことを期したのであった。

ヌ　前哨戦の活用

斯くして一歩一歩と総選挙の準備を進めつつも、西村山郡の補欠選挙に力を致し、総選挙の前哨戦として、又弔い合戦として、且つは総選挙の手習いとして、政党を訓練し、取締警察官を指導せんことを心に留め、与党候補者の選定に思いを致し、反対党の候補者擁立については各種の策動を敢えてし、有力候補の阻止により無力候補の擁立に至らしめ、然も之を公認させて遂にこの候補者を落選せしめようと計画し、あらゆる手段方法に訴え情報を収集して与党の指導監督を為し、所謂ダラカンの引き締め方途について思いを練り、所轄警察署長を指導して与党を監護せしめ、十数項に亘る注意事項を以て与党幹部に迫らしめ、与党の警戒に当らしめると共に、反対党である民政党の陣営を攪乱せしめ、遂に民政党の弔い合戦を押さえ込み、政友会の前哨戦を三千五百有余票の大差を以て勝利を飾らしめたのである。従来民政党の絶対的地盤であった村山郡に、政友会の足止め得票を獲得し、来るべき総選挙に対し、与党の気勢を挙げること著しいものがあったのである。

ル　諸調査

斯うした激戦の裡にも、議会解散の報（一月二十一日）は予定通りに飛び、総選挙の期日は一歩一歩と近づいて来たので、各種の調査を急ぎ、①候補者の予想票、②候補者の勢力調査、③各種産業団体の名簿作成、④町村長、助役、在郷軍人会、青年団、消防組頭、郵便局長の政党別、⑤地方有力者、⑥立候補者の打電者調査等、選挙に必要な調査を次から次へと行い、警察部長会議を終えて帰庁した警察部長を相手に署長会議の日取りを決定し、選挙対策におさおさ怠り無かったのである

オ　悲報のなゃみ

処が一月二十四日、偶々国民新聞社の川上支局長や山形新聞社の遠藤記者と夕餉を共にして居ると、

家郷の老母が急性肺炎により危篤との飛電に接し、鯉の生血と鰻の蒸油の療法を打電し、快方に向われかしと祈りつつも、日々総選挙対策に余念がなかった。しかるに二十八日には、老母逝去の悲報に接し、食禄の惨めさをしみじみと感じたが、信参鉄道のことに奔走中の父義真に対し、瀕死の重症にあった祖父が、「我が死を聞くも空しく帰ることなかれ」と戒められたことを思い出し、公の為には已むを得ないものと観念して一意県政に思いを致し、選挙対策に励む処があった。が然し公の為とは云え選挙にのみ没頭して、亡母の葬儀にも参列しないことは、一県の長官として道義を踏みにじるものであり、こうした非難の余地を、反対党に与える虞もあったので、署長会議を一日繰り上げ、産業政策による地盤の拡大と選挙違反防止による赤服まといの予防とを訓示し、長官室の円卓会議を十分尽くした後、浅沼文書課長を帯同して、一月三十一日の夜行で上京し、一日の特急燕号で西下し、午後三時半名古屋駅着、自動車を駆って飯田街道を北上し、夕方の六時半、愛知県の東北端、境を長野、岐阜の両県に接する我が家郷、愛知県の稲橋村についたのであった。涙ながらに亡き母の霊前に跪いて不孝の数々を謝し、遺訓を体して勇往邁進し、家名の為にも公に奉じ、父祖の恩に報いんことを心に念じ、亡き母の冥福を祈ったのであった。家兄初め一同と共に亡き母を偲び、納棺の式を終え、諸式を整え、二月一日の葬儀を滞りなく済ませ、二日午前十時半家郷を立ち、豊川稲荷に詣でてより帰京し、二日間の打ち合わせを為し、二月五日帰庁したのであつた。

ワ　秘策の数々

帰庁早々、目前に迫った選挙に全力を傾倒しなければならない。留守中に擁立された政友系戸田候補の為に思いを練り、政友三人獲得の秘策を立てることとなった。

a　**一般対策**　即ち一般対策としては左には産業振興による東北殊に山形県の開発を旗印として善政主義に徹し、永久的地盤確保、合法時党勢の拡張を策し、右には降魔の剣の音凄まじく、事前的違反の予防措置を講じ、以て選挙民が赤服を被らないことに努めつつも、野党を脅威せんことを策し、着々とその方途を辿ったのであった。

b　**対内関係**　選挙を有利に展開させる為に最も緊要なことは、各関係当局の一致和合である。このことは何人も認めながら、いざとなると此の自明の理が行なわれないことが不思議な程である。私は何としても今回の選挙に付いては、此の明々白々の理を如実に示そうとし、人の和を以て第一とし、内務部警察部の融和殊に選挙取締費の計上に付いては、渾然一体とすることに努力し、警察部の要求と内務部庶務課の査定との均衡をはかり、知らず知らずの裡に両当局を釣り込むことに成功し、和楽の妙味をこの間に活用し、談笑裡に事を解決したのである。更に選挙を警察部のみで行なった従来の因習を一蹴し、産業政策補助費問題、河川土木問題、産業組合監査、林道問題等を妙用する為に内務部を活躍させ、選挙演説を利用しての地方青年訓練には社会課を活動させ、県農会の技師を利用して適当なる方途に出で、県庁関係内外一体の原則を貫徹しようとしたのであった。然もこの間、人情の機微を穿って事を処するに専念し、機密費の活用を始め内務部をも潤し、各署に対する按分については潮時を見て刻々之を補佐させ、特色有る取締又は執行には、適宜賞揚、褒賞を敢行して、各取締官を激励し、思わず職責を十分果し得るの方途を時々試みたのであつた。

c　取締方針　第二区は無競争となったので、当初の取締方針を改め、刻々変化する情勢に応じ、警察部をして持てる機能を発揮させ、第一区選挙取締については、赤湯会議を開いて情勢の察知、情報の交換、取締の連絡を打合わせ、各署長に活を入れて歩一歩と進むべき途を辿らしめ、応援警察官の人選、その利用に注意して、尾行監視に一段の力を致さしめ、本部の各警察官を活用して時処位に応じ、殊に高等課の情報を活用して、候補者を覚醒するは勿論、刑事課も随時随所に活躍させ、威圧的予防措置を講じ、県民が向かう処を誤らないよう期したのであった。

d　対新聞社関係　一方、私は着任早々より選挙対策に新聞社を活用しようと思いを練り、先ずあらゆる機会を利用して各社の感情融和を策し、その鋭鋒を知らず知らずの裡に与党に有利に展開させようと、部長更迭の挨拶、宴会を利用し、赤十字の宣伝会等を活用し、一歩一歩と策謀を実らせ、与党の覚醒に、反対党の慢心に、各候補者の督励等に付いて相当の効果を挙げ、与党に有利に進展するようあらゆる方法を講じたのであった。

e　対与党関係　倒閣と組閣との祝い酒に酔った与党政友会は、当初より弛緩した気分に充たされて居ったので、之を緊張させることは選挙対策上最も肝要なことであり、遠慮無く叱咤督励し、陣容の整備に意を用いしめ、各候補者の勢力予想調査を始め、あらゆる材料を提供し、候補者の選定擁立より、選挙委員の活動、情報の収集活用、候補者の督励に力を致さしめ、演説原稿までも整理して之を活用させ、屋代の洋梨、漆山の桑苗等の産業助長政策を利用し、与党をして有利に展開せしめ、与党の威力を遠慮無く発揮せしめたのであった。

また単にこうした事務的のことのみではなく、東田川電気組合、土木請負、自動車営業等を監視して、積極的に選挙資金に思いを致さしめ、産業組合の監査、各種金融機関の監督を敢えてして、消極的に反対党に資金の流入することを防止し、更に本部及び内務省に交渉するは勿論、我が党候補者の為には、長井銀行の合併問題に力を貸し、小銭の収集、総裁への直訴を敢えてし、枯渇しきった選挙界に潤いを見せたのであった。

f　**反対党対策**　与党に対する策戦成るに及んでは、反対党を攪乱し敵陣を乱すことも肝要であるので、先ず勢力予想表に基づく立候補者の擁立に注意し、最も弱勢な者を立てさせて、之を葬るの策を講じ、更には反対党の内訌を誘発して間隙を作り、優勢な者の力を萎縮させたことは、政戦後の県政経為に於いても与党に有利になったものと思われる。

カ　成果の数々

之を要するに這回の選挙に於いては、あらゆる力を活用したものであったが遂に、①第一回に於いては努力の甲斐あって政友三、民政一となり、民政党の金城湯池を根こそぎ覆し、第一区を通して民政党の地盤は僅かに二村のみとなり、然もその基盤も従来と異なり、政友の得票を増し、民政党をして顔色なからしめ、②政友候補者の得票総数は七分四厘二毛、民政党は二分五厘八毛となりその差の著しいことを示し、③政友当選者の第三位者は民政党当選者の第一位のものと約一万票弱の差を示し、民政党をして再び立つの気力無きに至らしめ、④棄権率八分四厘という全国一の好成績を挙げ、⑤違反防止に成功し、件数僅かに四件に止まり、普選以来のレコードを示し、然も選挙後検事局への投書等も絶えて無く、警察取り締まりの徹底を期し得たことは真に喜ばしいことであった。⑥加之選挙に対して干渉の声を一つも聞かず、何となく薄気味の悪い裡に過ぎて、警察非難の跡を絶ち、将来の警察官の地位を保障し、晏如として職務遂行に励み得たことは、実に心ゆくばかりの本懐事であった。警察官が「今一度選挙を冀う」の気分が漂ったことを仄聞して、私は意義深くこの選挙を終えたことに感謝を捧げたのであった。

ヨ　勝因

思えば斯うした成果を得たことも、一に第二区を無競争に追い込んだ結果であって、警察力の集中と資本の投入が意の如くなり、更には民政党に飽き飽きした県民の心持ちの現れであるが、又他面には人の和を基とした選挙対策の的中したことによるもので、之に加えて産業振興を真っ向に振りかざしたのが、県民の意気に投じたものと見るべく、秘密漏洩の防止に成功したのと、表裏してこの成果を得たものと思い，只々感謝あるのみである。

タ　余録

もし夫れ情報の整正、関係諸氏の陰の力添え、秘策など思い出深き選挙史を賑やかすものとして、之は他日に譲り、之を忘れ去るも一方法かと思われる。

（昭、七、三、六、上の山月岡ホテルの一室にて）

4　立候補者の為に

斯くて過去の選挙を回顧するとき、時来たり私自身が政戦に臨むとすれば、如何なる方策を樹立して活躍すべきかに思いを致し、十数年前に思う侭を記したものが偶然発見されたのでここに添え、敢えて私の後に選挙戦を為す者の参考に供し、時代の進運、取締法規の改廃、選挙民の帰趨を察し、立候補の準備を為すの一助となさんとするものである。

（昭、三五、二、二五、記）

① 立候補準備

イ、特別団体（二十人会等）の設立とその利用

ロ、組合の強制的と任意的の選挙の価値

　　強制組合とその内部的結束

　　任意的組合と其の結束

ハ、所謂親分の義気結束の利用

ニ、印刷所の設立、選定、利用方法

ホ、印刷物の用意

② 立候補者決定

イ、候補者決定は情実を排して進むこと
ロ、候補者の人物本位と野心横溢せること
ハ、候補者の弁論とその謙遜的態度
ニ、資金の有無と其の公表方法
ホ、候補者断念方法と官房、刑事部の協力

③ 選挙演説会

イ、演説会の気勢と得票予想
ロ、演説会場の個々面接利用
ハ、演説会場入場勧誘と得票予想
ニ、得票安定地と不安定地と演説会
　根拠地の演説会は最初か最後、即ち投票前日は却って反対党に同情
不安定地は最初と最後と常時
ホ、演説会場の空気作成方法
　反対方法

賛成方法

へ、演説会の演説中止の効果

中止方法――威猛よりは気抜け

中止時期

ト、警察官に対する誹謗の価値

チ、演説会に対する取締と同時期の買収運動監視

リ、選挙区地元の有志の演説と代議士その他名士の演説との比較

ヌ、下町化する入居住地の気勢利用

④　選挙運動者

イ、選挙運動員の解任と解任後の活動

ロ、運動者の警察得票獲得方法

警察署訪問方法――質疑有る理由を以て

丁重なる依頼状

警察官の地位へ同情

⑤　選挙文書

イ、ポスターの種類と貼付場所及時期

ロ、ポスターが他に傑出して見える等注意を引く方法

⑥　選挙資金

イ、選挙資金の出所と違反取締り「銀行、抵当、その他」

⑦　選挙取締の手心

イ、反対党と与党と違反送致方法

与党違反については

軽微な者を送致

重き者は握りつぶし

反対党　　前者の反対

ロ、違反事項の利用

違反事件の機密的利用

重大事に於ける相殺方法

ハ、当落影響方法

党内の内事方法を講ずる方法

反対党の援助と与党への利益

不安定者に対する攻撃

監視と反対党及び与党

得票集散方法

ニ、営業許否方法

選挙前の価値

選挙後の価値

許可の通達時期

不許可の留保時期

許可方針と与党への内示

⑧ 選挙と警察取締

イ、高等警察官の異動

異動時期の注意

異動方法と署長の意見

反対党派警察官の利用と異動方法

平時の陣容と戦時の陣容「資格者と無資格者」

ロ、視察員の利用方法

高等係、刑事係、外勤引き揚げ者の分任方法

反対党への割り込み方法
視察員の内談会の形勢注意「日和見態度」
監視係巡査選抜方法
尾行その他監視員の利用と其の心得方
与党、反対党に対する監視警察官の態度
視察係の勤務と機密費配布方法
統計より実質へ

八、得票予想

得票予想の根拠選定方法
得票予想と各種視察員の情報統一
演説会の気勢と得票予想
演説会の入場勧誘と得票予想
戸口調査の名目の下に得票勧誘又は予想
警察官の得票予想
団体及び背景者の得票
得票予想と署長の更迭

得票予想と投票区との関係

ニ、機密費の使用方法

第一は平均に

途中は情勢により優劣をつける

最後は論功賞与的に

関係者数と熱とによる分配率

ホ、指導方法

調査事項より実効事項の指示へ

統一指針を各個人的に指示すること

参謀部と指示部との分任

へ、一般勤務警察官の利用

訓育方法

注意分任方法

外勤の注意事項を訓示すること

勤務方法の変化「署長の意図に従って」

選挙前、中、投票日、後の配置

選抜方法と信任の程度
得票利用―警察官に対する投票の勧誘方法
ト、取締り計画
戦闘図の作成
表図の作成
人的配置の注意
チ、内定場所、人物、時期
事務所より策動地へ
運動員より解任後の運動員
昼間より夜間へ
リ、違反検挙方策
枝葉より根本へ
⑨ 選挙と新聞
イ、重要新聞社幹部の買収
ロ、新聞社の利用
逆宣伝

社会部の利用
報道敏速の利用
ハ、新聞社員の党派別による利用
自党記者の内面的利用
反対党記者の外面的利用

メモ

政府党、民政党の監視証
一円札の用意
事務所の監視及び家庭
運動資金用意所の監視
青年団の自派の者選抜及び監視任務
買収係の人選
事務所出入り者の視察
演説会の利用
投票日の買収方法
反対党員の尾行　与党員の放任

巡査の懐柔

投票確実の証明方法

反対党監視員の行動

被職者の生活安定

銀行その他関係事業体に協力要請

候補者の公認の厳正　不従者圧迫

機密費　干渉費の警察官を通しての利用

確実地の放任と曖昧地の干渉

第二部　浪々時代　「退官から古橋会設立まで」

一　家屋の新築と変遷

官界を退いて四谷の浪宅で後図を期していたが、時運は容易に巡って来ないので、せめてこの時を自己反省の好機としようと聖賢の書に親しみ「官界の表裏」の出版に意を用い、「浪朗の釣鐘」をものして自修の資に供し、時折は国本社に出向いて、平沼先生を初め諸氏の談話を聞き、更に弁護士の登録をして各種事件の内相談に応ずるなどしながら、閑日月を送っていた。然し休職手当が少ないので借家家賃の高いのに悩まされ、子供も五人となっては、借家住まいの転々生活は教育上にも面白くないので、従兄の間杢右衛門氏の口添えで家兄を動かして宅地購入資金を頂き、和田鉄治郎君の案内で美和子と一緒に各所を探索の結果、現在の新宿区市ヶ谷田町三ノ二十五なる分譲地を発見し、一万三百九十円八十六銭で買入れることとした。次いで建築設計を警視庁保安部長時代の部僚岡山覚太朗君に委嘱し、昭和八年一月二十四日建築確認申請書を提出し、清水揚之助君の好意で先ず地下室の鉄筋コンクリートを実費の金三千五百円で構築し、その上に木造モルタル塗り二階建ての家を建築する計画であったが、そのために準備した資金は思わぬ出費に遭い、木材だけは家中の貯金をはたき金一千五百円で購入したが、幸いにも児玉静雄君の好意によって取り敢えず金二千円を調達することが出来たので、和田鉄治郎君の血書嘆願を容れ、同君に請け負わせることとしたのである。そのうちに家兄より金四千有余円の贈与を受けて資金には事欠くようなことは無くなったが、建築に経験のない和田君の請負は遅々として進まず、下請け大工を変更して漸く完成に漕ぎ着け、昭和八年三月十七日新居に移転した。清水組には牧野画伯の洋画をお礼として贈り、関係者と新築を盛大に祝い、朝日新聞岡見斉記者の大神殿構築の新聞記事で世人を驚かしたものである。

その後、上岐銀次郎山形県内務部長の尽力により、山形県産の桑材、桐紙等を利用し、清水組の内部紛争を解決した御礼として、清水揚之助君の斡旋により福島常務取締役監督の下、昭和十年中に地下室の内部造作を完成し、警視庁の間、山形の間を造成し、東京で初めて桑の木のはめ込み縁を仕上げ、山水の音を湛え、鉄瓶を吊した囲炉裏を造り、屋代村の長谷川氏より贈られた大欅の板を炬燵板とし、米沢産の座布団、山辺村の円座を敷き、東京では珍しい山小屋式客間を構え、鈴木喜三郎先生を初め恩顧を受けた方々を招待し、毎年正月には全国の関係者より贈られた名物を並べて警視庁関係者を接待したのであった。更に清水組社長の鉄道疑獄事件に弁護士として斡旋の労をとり、清水組幹部の懇請に応えたので、昭和十一年には清水組の手によって第二応接室が増築され、清水組には金屏風を以て返礼とし、昭和十四年には二階のベランダを改造するなど新居の整備を為したのであった。

しかるにこの丹誠込めた新居も、昭和二十年三月十日の大空襲によって烏有に帰してしまった。一時は渋谷の卓四郎兄宅に仮寓していたが、牛込の疎開材を金二千円で購入、地下室を一応整備し、高橋永助君を留守番として住まわせ、地上は野菜畑として食糧補給の一助として来たが、卓四郎兄の財産処理に応ずる為、昭和二十五年九月焼け残りの地下室を金二十余万円で整備し、翌年四月一日渋谷の仮寓より移転居住したのである。

その後昭和二十八年五月児玉工業の田口繁穂君を監督として、地下室に地下道及び小室を造成して湿気を防ぐと共に、各室の連絡を便ならしめ、九月五日現住宅の設計書を矢田設計事務所の手で完成して当局に申請し、十二月三日其の確認を受けたので古橋茂人理事の指揮する古橋会従業員の手で、十二月八日、一階の鉄筋組み及び型枠工事を開始し、十一日にはコンクリートを打ち込み、翌昭和二十九年初春には郷里稲武に於いて古橋会直営で刻んだ建築材料を、十数台のトラックに満載して長途四百キロを輸送し、二階の建前と一、二階の造作を為し、左官は田野井氏、建具は郷里の谷沢氏、電気は東和電気を煩わし、約百二十一万円で三月末に之を完成し、戦災以来九年振りに心安らかな生活を営むに至り、地下室はそのまま学生達に開放し、東京で寄宿に恵まれない後進の勉学の資としたのである。

更に昭和三十四年には金二十七万六千余円を投じて二階に応接室を増築し、昭和三十六年六月よりは金百七十九万四千円を投じて地下室を改修し、私の三男で古橋家を相続した源六郎の結婚に備えたのである。

顧みれば七十有四年の人生に於いて幾度も住居を移し、二度も焼失して幾多の労苦を重ね、然もその都度我が家を確保し得て平穏の日々を送るを得たことは、祖霊の冥助と家兄初め故旧の支援、茂人初め郷里の同志の協力に依るものと感謝して居るところであるが、私は此処を拠点として、更に財団法人古橋会や古橋家の為はもとより国家、社会の為に残る余生を働き続け、此の世に生を享け長寿を与えられたる一人としての責任を果たさんとするものであるが、此の後私に続く者も宜しく此の居を活用し、私が苦労したことを繰り返すことなく新時代に雄飛し、後顧の憂い無く国家社会と人類の福祉の為に献身されんことを望む者である。勿論この地の周囲に高層建築物が建つ時の至らば、よく時代を洞察しつつ此の居を改築し、東都に於ける至便の此の地、此の居を十二分に活用することに深甚の思いを致されんことを希望するものである。

終わりに私が此の世に生を享けてより今日までに移動した数々の住居について列挙してみたい。

出生地　　自　明、二三、七　愛知北設楽郡稲武町大字稲橋字タヒラ八

里子地　　自　明、二三、七　愛知県北設楽郡稲武町大字野入　　小木曽庄五郎方

小学校　　自、明、二八　　　出生地

中学校　自、明、三六、三　愛知県額田郡岡崎町　第二中学校寄宿舎
明、三九、一〇　東京市神田区神保町　時習塾
高等学校時代　自　明、四一、九　東京市本郷区第一高等学校　寄宿舎
至　明、四四、六
東大時代　自　明、四四、九　東京市本郷区弥生町　下宿
至　大、四、五
警視庁第一期　自　大、六、九　東京市神田区連雀町　熊野方
太平署長時代　自　大、六、九　東京市本所区新小梅町　官舎
至　大、七、六
内務省時代　自　大、一一　東京市本郷区新花町二九
「家族四人」至　大、一二、九　杉山四五郎方
自　大、一二　九　東京市本郷区新花町
至　大、一四、九　借家
警視庁衛生部　自　大、一四、九、一七　東京市麴町区有楽町
「家族五人」至　昭、二、一一　衛生部長官舎
同　保安部　自、昭、二、一一、九　東京市麴町区元園町

　　至昭、四、七　保安部長官舎
山形県　自昭、四、七、八　山形市旅籠町
　　至昭、五、一、八　内務部長官舎
青森県　自昭、五、一、
　　至昭、五、六、七　青森市　内務部長官舎
休職時代　自昭、五、六　東京市四谷区西信濃町
　　至昭、六、一二、一八　借家
山形県知事　自昭、六、一二、一八　山形市旅籠町
　　至昭、七、六、二八　知事官舎
四谷、信濃町　自昭、五、　前記四谷区西信濃町
　　至昭、八、三、一七　借家
牛込区市ヶ谷　自昭、八、三、一七　市谷田町三の二五
　　至昭、二〇、三、一〇　新宅
麹町、渋谷　自昭、二〇、三　一〇　麹町区九段四丁目鈴木国久方
仮住時代　至昭、二六、四、一　渋谷区原町九　古橋卓四郎方
焼跡地下室　自昭　二六、四、一　牛込区市ヶ谷田町三の二五

現住居地　自、昭、二九、四、一

（昭、三九、二、一九、記）

二　満寿川隧道の題字

悪筆の誉れ高い私の「満寿川隧道」なる題字が、山形県最上川上流の同隧道入口の石に刻まれているが、それには已むを得ない事由がある。谷地町の升川勝作老人が、最上川耕地整理組合の事業を引き受け、二百五十町歩の開墾を始めたのは、私が山形県知事在任の当時で、老人の意気に感じた私は出来るだけの事をしたが、私がその任を去って東都に帰るや、之を支援するものがなくなってしまった。そこで老人は子分の古沢君と共に大いに苦慮し、その開墾資金について某代議士を通じて氏に依頼したが何の効果もなく、遂に因縁をたどって私を訪れ、従来の経過を語って資金融通の方策について依頼があったのである。しかしながら一介の浪人の私には之に応える財力は無かったので、知人を通じて勧業銀行方面に渡りを付け、私の株券をも担保として勧業銀行山形支店より融資を受けることになったのである。

だが此の開墾地は最上川の両側丈余の高きにあるため、この開墾地に水を通ずるには最上川の上流より隧道を掘り開渠を造り、其の水力で発電しモーターによって最上川の水を汲み上げ、両側開墾地を灌漑するの他は無かったのである。従って融資の資金も多方面に利用される為次々と必要と成ったので、その都度手配を付けると共に、水力発電設備についても青森県の郡覚電気設備を一括購入することに話を付け、漸く水揚げを為し得て開墾を始め、初めて米の生産を果たして関係者を歓喜せしめたのであった。こうした関係から升川老人より題字をせがまれ、已むなく私の拙筆を揮う羽目とはなったのである。

昭和十六年夏、升川老人は態々二等切符を持参して私達「妻美和子、長女多稼子」を迎えられた。私達は最上川辺のヤナ場で清遊し、設楽君の持参した「大観」の美酒に酔い、其の夜は山形市内に繰り込んで乱酔の挙げ句、検事局員の宴席に乗り込んで大言壮語し、天童町の旅館で妻子に介抱されたことも今に懐かしい思い出である。

その後此の事業は漸次好転し、知事も之に思いを致すように成って開拓は益々進み地方民を潤し、戦時中は食料増産に大きく寄与したにも拘わらず、敗戦後のマッカーサーの指令によって農地開放が断行され、升川老人は寂しく此の世を去り、電気設備は他に引き取られんとしている。営々苦心して開墾した数百町歩の農地も、指令一本で処分されてしまう挙措を批判せざるを得ないものである。

（昭、三九、二、一三、記）

三　ボスの放鯉

昭和九年、太田亥十二君が石毛君を同道して市ヶ谷の浪宅を訪れ、東京瓦斯会社の暴力団ボスの被害を訴え、何とか此の暴力団による瓦斯会社労務員の搾取を、排除して貰い度いとの懇請があった。従来東京瓦斯会社では労務員の雇用に当っては、暴力団Ａ一派の手を経て行われており、彼等は労務員の一人一人の頭をはねて労務の供給をしてきたので、労務員も会社も其の被害は甚大であった。何とか此の暴力団Ａ一派を退治して、労務員の生活安定と東京瓦斯会社自体の経営安定とを図り度いとのことであった。当時私は官界を去り浪人生活を送っていたので、特に之に関与する資格も実力も無かったが、多年警察界に身を置いたことや、現に国本社関係にあって右翼団体には相当の睨みをきかし得る関係にあったから、暴力団を退治し得るとの自信も多少はあったので、親友の太田君のことでもあり、何とか希望に添わんものと決意したのである。先ずかって警視庁の部僚であった福本梅雄君と相談し、同君の力を借りてＡ一派退治の策を立て、其の住宅周囲の内偵に努め、其の動静に注意を集中しながら、漸次Ａ一派を牽制しようとの作戦に出たのであった。

Ａ一派もこの度は東京瓦斯会社の態度が強硬であることに驚き、我が方の作戦に感付いたものか、彼等も亦会社の動静に注意し、会社に在勤する元警視庁警務部長石井保君と現警務課長三島誠也君との関係をつきとめ、初めは此の線によるものではないかとも考えたようであったが、更に内偵の結果はこれより強力な者が会社のバックにあるものと考え、遂に私が之に関係あるものと推定するに至ったのである。そこでAは後藤新平内務大臣当時の秘書官であった麻布区会議長に関係を付け、私もかつて後藤内務大臣の臨時秘書官をしたこともある関係から、議長はAに頼まれて私を尋ね、何とかAと話し合いを付けて貰い度いとのことであった。勿論私は表には東京瓦斯会社とは何の関係も無いことを述べ、東京瓦斯の強硬なのは石井君と三島君との関係による警視庁のバックによるものだといって議長の懇請を断ったが議長は納得せず、頭山満氏との関係もあるので、何とか頭山氏の家でAと握手し、事態を円満に解決して貰い度いと重ねて要請されたが、私は飽くまで会社とは何の関わりも無いことを主張して、此の懇請を拒否したのである。

会社はこんな事情を以てAがいよいよ窮地に陥りつつあるを察し、益々強硬となり、この機会にAの不当勢力を一挙に排除し、労務員の生活を安定させようとした。斯くしてAはいよいよ苦境に陥り、東京瓦斯会社に対して何の不当勢力を振るうことも出来なくなり、其の当初は副社長宅の応接室で横臥談判した勢いは全く影を潜め、ひたすら自己の振り上げた拳骨を如何にして納むべきかに苦慮するに至り、遂に東京瓦斯会社に降伏し、其の記念として世間態を慮り、宮城のお堀に大鯉を放ち、自己の不明を天下に謝するにいたったのであった。

(昭、三九、二、一一、記)

四　浮き世の一駒

誇大広告を為し、実効を奏しない売薬政治に現をぬかす内閣を倒そうとする同志の会合は、反対政党者は勿論、休、退職を余儀なくされていた官僚にも及び、公然と反政府を旗幟として倒閣に思いを練り、大衆運動を盛り上げようとしていた。旧内務官僚の会合は各グループに依って組織され、反政府の勢いを盛り立てたが兎角出世主義に出るので、政党者の傍若無人な振る舞いに我慢しなければならなかった。

政党内閣の腐敗、利権主義に飽きたらず、党利党略の犠牲に憤激していた村川は、超然内閣組織を計画し、同志を糾合していたが、如何せん政党政治の与論に押され勝ちであった。然し時勢に逆行しても自己の所信を貫き通さんことを期し、強力な超然内閣の組織を企画し、時期の到来を秘かに待った村川は、いよいよ勇を鼓して同志の説得に力を致さんとしていた。

官僚生活を続け東大系統でないために兎角本流から疎まれ乍らも、人心の機微をつかみ営々と努力してきた久保は、官僚の狭量に愛想をつかし政治家との交際が多くなり、政党政治の現実を利用しようと官僚臭を帯びながらも政治家としての変身を試み、殊に現内閣によって首を切られてからは、いよいよ反政府的となり、反対政党を利用して自己の立場を明らかにし、行く行くは政党者流となって国政を担当しようとしていた。

官僚の本拠に腰を据え官僚の指導に当たっていた岡永は、時世時節の政党政治に抗しきれず、政友系の大臣の薦めもあって政友会系の官僚となり、政務官的官職に身を奉じたものの三日天下で現内閣に首を切られ、長い官僚生活を初めて捨てて閑雲野鶴と号しながらも、何となく寂しい生活を送っていた。

こうした三人が或る会合の帰途、岡永の誘いによって四谷荒木町の紅葉で二次会を開いた。倒閣の為には各自思いの侭に行動しては効果が薄いから、今晩からは三人手を取り合って倒閣に励もうではないか、それには従来のように裃を付けていてはどうにもならない。互いに先ず裸になって胸襟を開き、真の議会政治確立の為に現内閣を倒し、国民を塗炭の苦しみより救い出そうではないかと誓い合ったのである。

紅葉の女将の肝いりで酒宴が始まった。先ず老妓が呼ばれ、久保に心を傾ける芸妓も侍り、岡永の為には老妓の妹が指名で呼ばれた。皮肉混じりの冗談を飛ばしながら岡永は大満悦であった。久保も因縁ある博多芸妓に侍られていい気分となっていた。私はただ先輩の話を聞きながらも、斯うした席で芸妓を退屈させない様にと杯を取り交わすことに余念無く、時の過ぎるのも忘れて反対党内閣打倒の夢を描いて居たとき、ふと女将の浮かぬ顔に気が付いた。岡永は自分に当てがわれた若妓に気がないらしく、久保を慕う中年妓にばかりに関心を示しているのだ。村川は女将の扱いに注意したところ、女将は久保の心中を気にしてか機を見て其の中年妓を帰した。すると岡永は憤然として立ち上がり当初の三人の誓いを破って帰ってしまった。一同は唖然として一瞬席はしらけたが、何気なく久保と村川とは対話を続けたので間もなく陽気を取り戻した。岡永に当てられた若妓は気恥ずかしさに耐えかねるように萎れこんだが、姉さん芸妓に励まされ漸く元気となり、博多節の節回しも面白く、数々の流行歌もなかなかの美声で村川も其の喉に聞き惚れていた。

折角の会合もこうした酔余の問題で台無しとなってしまったが、これを機会に村川の荒木町通いが始まった。若い芸妓の美声と博多節の老妓の取り持ちが客に喜ばれ、村川は此の荒木町を倒閣有志の会合場所としたのである。然るに突然其の若妓が姿を消し、何回呼んでも客席に現れなくなった。老妓達も何か曰くあり気な風情であり女将に聞いても要領を得ない。村川も気掛かりになったので女将を追求して遂に白状させた。

実は此の若妓は同志の席に現れる前に既に近くの鰻屋の若旦那の思われ者であった。其の鰻屋が傾きかけ金回りも悪くなりかけたとき、村川等の宴席に出るようになり皆にチヤホヤされ出したので若旦那と会うことを避けるようになった。そこで若旦那は腹に据えかね若妓を誘って熱海に旅行し、続いて京都を遊び回り、其の挙げ句或る旅館の一室で心中を計ったのであった。其の結果は幸か不幸か双方共に生き残り、警察より実家、芸妓屋へとそれぞれ連れ戻されるという運命に遭った。心中の生き別れの定石によって両人は綺麗に別れたが、若妓は心中の手前料亭に出入りすることを遠慮し、女将も亦強いて心中の片割れを呼ぶこともしないようになったのである。

斯うした事情を聞いて村川は男気を出し、そうした気の毒な若妓こそ宴席に呼んで慰めてやろうと思い、女将や姉の老妓を説いて村川の宴席には常に呼んでやることにしたのである。ところが若妓はその事件以来人が変わったようになり、ただ気後れして宴席の賑々しさを好まぬようで、兎角沈み勝ちであったばかりか、同じ置屋の女中に疥癬を移されてからは、手足を人に見せることを好まなくなり、折角の宴席も断ることが度重なるようになった。

倒閣の気勢は昂揚され同志の会合は頻繁となった。然し若妓の出席は思わしくなく、村川は何となくもの寂しさを味わっていたが、そのうちに若妓も元に戻り賑々しく宴席を取り持つようになったので、村川は前にも増して男気を誇示し、若妓もこれに感じてか年の暮れには、村川の子供の為に小袖を贈る程にもなった。

そんな或る日、紅葉の女将から近頃若妓の胃の具合が悪い様だが、妊娠したのではないかということを聞いて村川は不思議に思い、何よりも医師の診断を受けることを薦め、女将同道東京警察病院産婦人科の診察を受けさせた。その結果妊娠ではないという報告に接したが、どうも身体の具合が悪いと云うことで、それ以来村川の宴席には現れなくなってしまった。そのうちに若妓は深川辰巳芸者の姉の下で、某生命保険会社の課長の子を産んだが死産であって、そのまま辰巳芸者として深川に出現するようになったとの噂を聞き、村川も深川方面の宴会の帰りに之を確かめたことがあった。

斯くする裡にも選挙が始まり、料亭は勿論バー、サロン等に於いて隠密の会合が頻繁に催された。偶々牛込神楽坂の左近の女将が、銀座サロンハルで例の若妓がキリ子と名のつて女給をやっておることを聞き出して来たので、村川は酒仙画伯と共に左近の女将の案内でサロンハルに出掛けた。丁度選挙当時のことで賑わしかつたが具合良く一テーブルに陣取ることが出来た。キリ子は女給としてもナンバーワンの売れっ子で、奇遇に驚いたキリ子は酒仙画伯の飄逸な話に魅せられ、楽しくテーブルの応対をした。それから村川と画伯とは村川の宅に帰りマージャンを始めていた処、夜の九時頃左近の女将からキリ子を連れ戻ったので是非との電話が来た。早速村川と画伯は左近に出掛け、画伯の小唄を始め日本調の歌にキリ子は調子を合わせて愉快な時を過ごし、十二時近く左近を出て我が家へと急いだ。

翌朝左近の女将から電話があり「大変なことになりました。画伯に相談しても埒が明かないから至急来てください」とのことであったので、村川は大急ぎで左近へ赴いた。昨夜キリ子が自宅に帰ったところ深川の馴れ染め客で妻子の有る男が、妻子を離別してキリ子を探し回り、キリ子の妹で新橋に出ている芸妓を訪ね、キリ子の勤め先を聞き出し、サロンハルを訪ねてその不在をいぶかり、キリ子の住居に行ってその帰りを待っていた。キリ子の顔を見るや否や睡眠薬を飲んで心中を強要し、キリ子がそれに応じないと見るやいきなり殴りつけ大暴れを演じたので、キリ子は眼の辺に黒い痣をつけられ、あたふたと左近へ逃げ帰って来たとのことであった。村川は画伯と相談し女将の了解を得て左近に女中として抱え置き、暫く様子を見ることにしたのであった。然し左近の女中生活はキリ子にとって面白くなかったと見え、間もなく此処を飛び出して誰の力を借りたか知らぬが、荷物をまとめて大連へ高飛びしてしまった。

その後のキリ子の消息は全く村川には不明であったが、約二年経った頃村川は赤坂の岡花でキリ子の消息を耳にした。大連に高飛びしたキリ子は満鉄副総裁の寵愛を受け、一時は大連でも華々しい生活を送っていたが、その後副総裁との間が面白く無くなり、大連の機械商の目にとまり、内地に帰って赤坂に住宅を造り、「すずみ」と名乗って客席に出て居るとのことであった。村川は女将の云う侭に早速之を呼び宴席を賑やかした。その後村川が実業界に入って社長となり、岡花を根城に得意先の接待をするようになった時、「すずみ」は村川の客を取り持つに一役買うようになった。

やがて「すずみ」は頻りに四谷荒木町へ復帰を口にするようにになつたので、村川は仕方なく社友の藤田君に四谷でお披露目をさせ、村川も得意先の接待を四谷に移し、「すずみ」改めキリ子を常に宴席に呼ぶようにした。会社の接待に村川が出掛けるときは社員を伴うのが常で、殊に優秀な社員波多野は社長の秘書として万事を取り計らっていたが、いつしか波多野は得意先接待を口実にキリ子と会うのを楽しみにするようになり、キリ子の居宅にも連れ立って出入りする様であった。知らぬが仏と社員の口の端に登るようになり、村川も黙視出来るなくなったので波多野に注意したところ、今度はキリ子の方が村川に面当ての積もりで波多野をかばう様になったので、それからは村川もキリ子を宴席に呼ぶことを差し控える様になった。

村川の活躍により、社風は高揚し社業は愈々進展したが、親会社を以て任ずる印刷会社の社長との関係が面白くなかったので、村川は社長を一期勤めて円満退社したが、既に司直の手は同社の闇取引事件を捜査し始めていた。村川は会社を離れたものの猶会社に関係有る者の如くみなされ、大東亜戦争宣戦布告直後の昭和十六年十二月十六日には、判検事十数人によって家宅捜索を受ける身とはなった。歳月の流れること四年、此の間村川は不祥事件の始末に勢力を傾け、遂に昭和二十一年春青天白日の身とはなったが、この間の世間の冷たい風は村川の骨身に堪えるものがあり、花柳の巷で華々しく鬱憤を散ずるようなことは到底出来なかった。

幸い昭和二十一年の春より村川は晴々した気分で世間に接することが出来るようになったので、嘗ての古戦場であった花柳の巷を時には覗くこともあったが、たまたま其の後の「すずみ」の消息を岡花の女将に聞き、赤坂の名妓として昔に変わらぬ客の接待をしているが、既に三人の子供を抱えて華々しい裡にも母親としての苦労を重ねていることを知って、彼女に幸あれと念じた次第である。

（昭、三五、六、一四、記）

五　倒閣国民大会の記

三月十九日、緊縮内閣の欺瞞政策より覚醒しようとした民衆は、政友会院外団主催の倒閣国民大会に奮い立って出席した。其の数無慮三万余、芝公園東照公前及び政友会本部の二会場は、定刻前より大衆によって溢れていた。府会議員及び罷免署長連を以て組織された監視隊は、開会前に起こった小競り合い事件解決に奔走し、一面には官憲の圧迫に抗すると共に、他面には警察権の独立の将来を慮って巡視に、監視に、誘導に全力を尽くし、私は監視員の元締めを依頼されて政友会本部の一室に陣取っていた。もとより私は進んで政友会の為にやったのではなく、思うところあって政友会の請託「三月十七日の招電」を容れ、之に合流協力することにしたが、親愛なる下級警察官諸君に対しては毫も敵対する気持ちは無かったばかりか、むしろ彼等の将来を慮って事件の発生を極力防止しようとしたのであった。従って警察官に対しては心より同情の念を以て接し、内部に在っても極力警察官庇護の立場に立ったのである。即ち民衆と警察との相互の理解が少しでも進むことが私の本懐とする処であり、恵まれない警察官と悲惨な生活苦に脅かされている民衆との結びの縁となることをこそ念じたのであった。

この大会に於いて私が監視官として観察した処を述べるならば、警察官は大体に於いて私の期待した通りの行動を取ったことを感謝する者である。ただ大会終了後に於いて政友会本部を襲撃したことについては、其の原因が奈辺にあるかは知らないが、其の指導者の短慮を哀れむものである。九仞の功一簣に欠くとはこのことであり、此の暴挙さえなかったならば今日の取り締まり方法は、何人が見ても無理からぬものと思われるものである。従って①会場入場者の会場内事務所に出入りする者に対しても披検をなし、②会場内で筵旗を立てることを制限し、③請願隊の行動を制限し、④請願隊の進路を徒に遮断し、⑤群集の行進に対して、予め他に適当な進路を公示しないで之を放任し、⑥必要以上の腕力を振るい鬱憤晴らし的妙技を演じて検束を加え、⑦代議士その他の議員関係者に対して予め警告又は注意を加えず、⑧各種制限事項について予め主催者と協議せず、⑨適当な救護班の派遣を十分為さなかったこと、等は将来の取り締まりの参考資料として私の記録に留め置くに過ぎないことである。

次に大会主催者について見るに、①会場を二分して気勢を殺ぎ、②両会場の連絡を欠き、演説者の精選を誤り、④会同者の真摯な態度を欠き、⑤徒に昔風の運動を考えてお祭り気分で冷酒を薦めるの愚を犯し⑥大会終了後の請願運動について組織的方法を講ずることなく、先頭の代議士、各部隊毎の請願委員、万一の場合の臨機応変の処置についての計画も無く、只昔風の焼き討ち気分と壮士風とに溢れ、合理的組織を欠き、⑦宣伝方法については周到な用意を欠き、⑧避難、遭難者に対する救護方法を講ぜず、⑨事件突発に当たり前後処置に当を得なかった、等の諸点が将来戒むべき事項として私の記録に留めたところであった。

ともあれ大会決議を以て大会を終了したが、大会としては気勢を挙げるに十分成功し、取り締まり警察官としては最後の政友会本部襲撃の挙が無かったならば、何等非難を受けることの無い成果を挙げたことは特筆すべきことで、私が先に挙げた諸点を双方に於いて考慮し、将来の参考として対策を樹立すべきものと思うものである。


（昭、六、三、二〇、記）

六　挙国一致の方策回顧

官界十五年の一徹した生活に終わりを告げ、昭和四年六月より浪人生活を始めたが、時々何となく物足りない気持ちに襲われ、建設的、進取的時代を回顧しては淡い思い出に耽ることがあった。たまたま昭和五年十月頃より国本社の同人となり、超党派的国家本位の気分に接し、会長中心の座談会を待ち遠しく思うようになってからは、私の心の中に革新的、積極的気分が湧き出るようになった。

日が経つにつれて国本社同人の気分も分かり、私の進むべき途も判然としてきた頃、挙国一致の革新運動を起こすべきものであるとの考えを懐く様になり、田辺叔父の進言の侭に竹内賀久治君と相諮り、会長と元老との間の諒解運動を起こす準備に取りかかったのであった。昭和六年三月中旬、漸く書き上げた「官界十五年の表裏」の目次を携えて興津へ向かい、熊谷八十三氏を訪れて久闊の詫び言より、官界引退の事情、浪人生活の活用、官界十五年史の手記、暉保会、その他家郷の状況等話は進む裡にも、熊谷氏の片言隻語の内に表れる西園寺公の胸中を探らんとしたのであった。私としては漸くにして平沼先生に拾い上げられた恩顧に報いる為にも、先生黙示の裡に私より先生の主義主張を老公にお伝えし、無傷で公正な人をして国政の掌理に任ぜしめられたい」との私の希望をそれとなく述べ、老公と平沼先生との意志疎通の良途の指示を仰いだのであった。幸いにも南弘氏と老公との関係を突き止め、老公の周囲の状況を感知し、これを機会に老公との縁を繋ごうと老公の額面拝毫をお願いしたのであった。

僅か二時間の対話ではあったが、熊谷氏との対話の中で得た材料を基として、田辺、竹内両氏と相談し、早速南弘氏抱き込み策を練ったのであった。幸い南氏と別懇の太田亥十二君が私の親友であった関係から、私が太田君との折衝に当たり、太田君との会談を設けることになった。同君と田辺竹内両氏との花蝶の宴、藤倉の会は相互の意志の疎通を図り、太田君の鈴木喜三郎先生中心の平沼援助、竹内君の平沼先生中心の鈴木援助の問題はあったが、兄弟の誼ある両先生の関係を知る双方の心中は、必ず融合し得るものと期待して話は進み、太田君の国本社訪問、竹内君の太田事務所訪問は頻繁に行われ、遂に中松氏主催名義で関係者の会合が催されることとなり、五月一日丸の内の赤煉瓦常磐家の日本間に集まったものは、中松氏を主人とし、平沼先生、原嘉道、南弘、田辺治通、竹内賀久治、太田亥十二の諸氏と私とであった。話題は各方面に亘り、民政党内閣の施政批判、北洋漁業及び国防問題等が其の中で重要なものであった。数時間の会合であったが互いに名残を惜しみつつ閉会となり、之が縁となって六月十一日、再び常磐家に於いて関係者の会合が持たれることとなった。清浦圭吾子を交えて日企君より日仏関係についての話を聴いてから、時局を批判する談合となり、その結果は平沼、南両氏の接近を密にしたものの如く、遂に南氏を通じて西園寺老公と平沼先生との関係に一歩を進めることとなったのである。

斯くして平沼先生と南氏との関係を付け、老公との橋渡しを為したものの、南氏の政治的立場の為か床次さんとの関係か、平沼先生と老公との関係は思った程に進捗しなかったので、竹内君も業を煮やし、更に人を介して老公の腹心中川小十郎氏を引き入れることに努められ、老公の上京を機会に南、中川両氏の腕試しをそれとなく策したものであった。が何れにしても平沼先生の老公訪問となり、駿河台の会談は「人物本位の政治」と補弼とに亘って意義ある会談であったらしく、私の試みた初一歩は此処に美果を結んだのであった。が然し、老公の中川氏を信用する程度を確かめる必要もあり、旁々老公の額面に対するお礼もあったので、私は病を押して再び興津へ出掛けたのであった。坐漁荘の一室で清見潟を眺めつつ熊谷氏と静かに語り合ったが、中川氏と老公との関係より始まって老公周囲の事情を聴取し、私の為すべき方策について意見を叩き、胸に成算を得ていそいそと帰京したのであった。

興津の情勢をもたらして竹内君と懇談すること数回、中川氏こそ老公の脈を引き将来を計るに最も適当な人物であることを確信してからは、竹内君は東洋文化会名義で、平沼、中川両先輩の心の綱を結びつけ、平沼先生の御殿場訪問の快挙となり、先生の強硬論は相当に老公を動かしたものの様に思われたが、単に元老のみの諒解では現在の政情の革新は為し遂げ難いものであったから、私は第二の策戦たる宮中方面へ働きかけを図ったのであった。

然し宮中の事情に疎い者にとっては、何処から手を入れるべきか仲々難しいものであったが、私は先ず手近より進めるべきものと思ったので、私が警視庁以来何かと関係があり、酒席を共にしたこともある某氏を通ずることを得策と考え、私の退官後の方針を述べて批判を仰ぐの理由の下に、同氏を御邸に訪問した。ところが生憎ご不在であったので其の後電話でお伺いなどして、遂に七月中旬牧野画伯中心の会を名義に、某々二氏と牧野君と私とで藤倉に於いて一夕の歓を尽くし、先ず初一歩を踏み出したのであった。当夕の帰り際に牧野君が私の意中を訪ねた程で、この会は誠に意味深長なものがあったのである。私は斯うして宮廷方面への諒解工作の斥候戦を為し、漸次本拠へと進まんことを期したのであった。

元老及び宮廷方面への初一歩に好結果を得た私は、次に与論の喚起が必要なことを力説し、同人殊に竹内君に対して極力その緊要性を吹き込んだものであった。同君も最初は仲々自説を固守して応じなかったが、漸次其の必要性を認めるに至り、国本社同人の例会にも挙国一致内閣論を出す迄になった。即ち民政党の秕政政友会の無気力は、内政外交共に処理するの能力を欠くものであるから、現在のような選挙第一主義に立つ民政党と、ボタ餅主義を描く二大政党夢想論者の政友会を以てしてはこの難局を処理し難く、嘗ての官僚政治の弊を矯正した議会政治が二大政党の悪弊に堕し、国利民福を考えず徒に党利党略に走り、相共に宿弊を国民の前に露呈して居るのであっては、真に国家を憂え国民の幸せを念ずる者として、敢然立って政界の粛正に乗り出さなければ已むに已まれぬものがあった。然し二大政党対立の議会政治もそれなりに長所を有するものであるから、あながち之を排除すべきものでもないのであって、私は今日の現状から見て、この際は既成政党の馴れ合いによる妥協的挙国一致内閣論を排し、真に議会浄化の目的を以てする超然的挙国一致内閣の成立の可能性を高唱したのである。どうしても選挙第一主義に立つ堕落的政党内閣を革清し難いときは、是非ともこの超然的挙国一致内閣を実現せしめ、議会の革清に至るまで繰り返し解散を断行して既成政党を崩壊せしめ、超然内閣をして新しい革新勢力を背景とする政党内閣に更生させ、強く、正しい主義政策を実行させて此の難局を打開するの必要を痛感するに至ったので、極力こうした目的を有する挙国一致内閣論を同人間の話題に供したのであった。

が、二大政党論に捉われた一部の人士は、私の説に賛成する処なく、或いは二大政党を夢見、或いは独裁制を夢想して私の此の中庸論に耳を貸そうとはしなかったのである。こうなった以上私としては徒に同人と議論を戦わすよりは、是非とも自説を一般化することの必要を思い、各方面に呼びかけたが、偶々英国に於いて挙国一致内閣が出現したので、先に反対した一部人士も漸く私の説を肯定し始め、私も愈々力を得て極力主義主張の貫徹を図ったのであった。

斯うして私は一面には政界革清の目的を以てする挙国一致内閣論を主張して、民政党を矯正せんとすると共に、他面之によって無気力な政友会を奮起せしめ、国家本位の活動を振起せしめ、以て民政党を倒さんとしたのであったが、親友の岡見斉君は私の斯うした説には十分注意しつつも、井底の蛙たることなかれと警告し、私の邁進猪突的気分を引き留めようとされたものであった。殊に九月に入ってから同君が国本社にこられて会長及び同人とザル蕎麦の昼食を共にし、国本社の気風に実際触れられてからは私に対し、益々引き留め策を講ぜられた様であった。が、私が九月末青森の政戦を終えて帰京し、政界の切迫した状況を看取して同君に相談するや、同君も多少心を動かし始め、十月上旬の藤倉に於ける荒木、田辺、竹内の諸氏に岡見君と私を交えた会談は、遂に同君を引きつけ、これを機会に宮廷関係に対する同君の活躍は目覚ましいものとなって行った。

先に思いを練り事を謀って漸く初一歩を踏み入れた宮廷関係も、局外の好意者岡見君を得てからは急転直下、宮廷の重臣にも触れることが出来るようになり、革新運動に新生面を開くと共に、他面竹内君の活動も活溌となり、此処に軍部及び宮廷との関係も漸く交渉が繁くなり出したのであった。即ち岡見君の荒木中将自宅訪問、川越宿舎訪問「十月十一日」となって同君の熱は高まり、遂には同君自ら宮廷を動かそうという切々の言葉を吐き出すに至っては、重臣論台頭し、H、A、S会談の議が進められ、遂には内大臣の園公への飛報となり、陛下の美術院行幸お取り止め、平沼先生の内大臣訪問（十月十三日午前）、岡見君の平沼先生との会談に関する東京朝日新聞の記事となり、篠つく雨を冒しての三先輩の会談となり、時局は微妙な動きを示し始めたのであった。

斯かる裡にも清浦子及び首相の重臣訪問が行われ、外形的には一時の平静を装っていたが、潜在的革新運動は各方面に行われ、少壮軍部の態度は強硬危殆なものと化したので、私は岡見君と相諮り十月十五日の福井楼の会食で策戦を練り、十六日には参謀総長の更迭問題及び荒木将軍出張阻止を策して竹内君を動かし、極力お互いの主義主張の実現に努める処があった。此の間岡見君と互いに維新志士の心中を回顧し、回天の事業は誠意ある努力、熱意ある力、然も二、三の意気盛んな人によって達成されたものであることを語り合って、会心の笑みを漏らしつつ握手を交わし、後図を画して深謀遠略の計を巡らしたものであった。

（昭、六、一〇、二、四谷自宅にて記す）

斯して私達が一歩一歩と目的に向かって進んでいたとき、陸軍の少壮士官十数名が十月十七日未明クーデター計画の名目の下に、憲兵隊に検束収容されたのである。私は当日朝、大久保留次郎君を訪ねて来たという木下義介君の来訪を受け、その談話中に警視庁が非常招集をしたことを聞いて、何か起こったのかと思いつつも、陛下の警視庁行幸の警衛警戒上の必要準備行動ぐらいに思い、更に木下君に各方面の探索を依頼したのであったが、同日夕刻大久保君が来訪され「今朝の事件を知っているか」と玄関で問われ、「成る程」と膝を打ったのであった。

大久保君の詳細の説明を聞くや、私は直ちに各種の材料を整理して、竹内君をその家に訪問した。互いに語り合って事件の解決、殊に青年将校の前後処置を議し、岡見君にも東京朝日新聞社を通して来訪を促し、其のあわただしい来訪を受けて同君の熱した気分に打たれつつも、三人鼎座の議を凝らし、更に取るべき手段を議し、岡見君のS氏訪問となり、宮廷関係の情勢察知を図り、相互に進むべき道を求めたのであった。十月二十七日に至って漸く事件も解決の曙光を見たものの、この事件のために私達の既定計画は一頓挫を来たし、私達の目論んだことは一大暗礁に乗り上げたので、私と岡見君の焦慮は並大抵ではなかった。竹内君を動かさんとして得ず、田辺叔父を訪れて意見を叩き、遂に暫く静観することにしたのであったが、然し私達の今までの苦心を水泡に帰したくないので、私は暫く休養の後、岡見君と数次の会談を重ね、十一月十日には土屋子爵を訪れて、事件の真相と私の取るべき態度を語り、十一月十七には大島達次郎君を国本社の同人に入れようとして、柳橋の柳水で夕の宴を催し、竹内、田辺、岡見の諸兄と共に将来の方途を語らい、十一月二十日には岡見君と共に荒木将軍を私宅に訪れて、軍部の活動と国民の意気との関係を論じて国民祈願会の発起を提議し、何とかしてこの時局を私達に有利に導かんことを図ったのであった。

かかる裡にも十一月二十一日には内閣の声明書問題が突発し、世情は何となく騒々しくなり、私達の予期し待ち受けていた好機が到来したような気がして、何となく落ち着かないものがあった。十二月十日の富田民政党顧問の若槻首相訪問、翌十一日の閣内不統一による国務遂行の不能を理由とする民政党内閣の総辞職、十二日午後二時二十分の西園寺公の上京、犬養政友会総裁の西園寺公訪問、そして同日午後八時犬養氏の参内となり、大命は犬養政友会総裁に降下し、此処に組閣の方途は講ぜられるに至ったのである。私は国本社に於いて終始を見聞しつつも、夕餉を終えて直ちに田辺叔父を訪れ、地方官の移動表を作成して之を携え、田辺叔父を同道して十三日午前二時、自動車で鈴木喜三郎先生を訪ずれたのであった。

「党の為に自分は堪忍する」との鈴木親父の言葉を聞いて述ぶべき辞もなく、暫くして鈴木親父を犬養邸に送り出し、その子分達と只々鈴木先生の心中を涙ながらに察するのみであった。十三日の午後三時半頃、鈴木先生の帰宅を待ち受け、鈴木先生を取り囲む子分連を前にして、私は激烈な態度で子分達の不甲斐なさを痛罵し、直ちに倒閣の挙に出ずべきを力説し、更に竹内君の意見を叩くべく、夜の明け渡らんとする頃其の居宅を訪れたのであった。然し門が閉ざされていて入ることが出来ないので、電話で呼び起こし開門を待って邸内に入ったが、同君のねじり鉢巻き姿の激烈なる苦言に私の暴言を陳謝し、更に宮川一貫君の来邸を求めて、鈴木邸に於ける私の進言を撤回し、暫しの静観静視を約し、竹内邸を出て宮川氏とも袂を分って、四谷の自宅に帰ったのであった。

思えば長い月日を倒閣に尽くし、挙国一致内閣実現に心を砕いたものの、遂に思わざる犬養内閣の組閣となり、自らの微力、時勢を導くの力無きを痛感し、今は暫く憩いの時と思いあきらめ、暫し政友会内閣の傘下に沈吟し、時を待つの外ないものと自問自答するのみである。

（昭、七、一、二一、議会解散の夕、山形県知事官舎にて）

七　実業家の経験

学業を終えて就職問題が持ち上がった時、私は一高の入学試験の際父の希望よりは両兄の指図に従って独法科を選び、大学在学中は石龍子の宅を訪れ一の字を書いて財政方面へ向うことを易断されたこともあったが、保証人井上先生の意見に従って内務省関係に就職することとした。警視庁警部を振り出しに警察署長ともなり、一時は実業家大川平三郎氏に見込まれて、暑中休暇を利用し樺太旅行にも随伴したものであったが。警察界で身を立てようと大川氏の懇望をお断りして行政方面に進み、内務省、警視庁、山形、青森の各地に奉職した。然し私のパイオニヤ精神と創造的態度は官界には相容れざるものがあったのか、恩給年限にも達せずして浪人生活を余儀なくされ、著述をなすの傍ら倒閣運動や右翼運動にも足を入れ、来たるべき時期を待ったのである。

1　土木事業

昭和八年児玉静雄君の援助を受けて牛込の新居を建築し、弁護士として各種事件を引き受け、浪宅もなかなか賑やかであったとき、児玉君は長野県土木部長として同県の為に土木事業の振興を図り、着々成果を挙げ県民の信望を得ていたが、偶々ある町より書画の贈与を受けたことが不祥事件に発展し、私や木村篤太郎君の努力も空しく辞職の已むなきに至り、決然長野県を去って上京し、本郷駒込に浪宅を構えたのである。

私は山形県在任以来同君と親交があり、殊に浪宅新築の際の恩義もあったので、同君の上京を機会に清水組より資金を調達し、同君の池上町の新宅建築を支援したのであった。同君が飛島組専務に就任して民間事業家としての地歩を確立し、やがて飛島組より離れて児玉工業所を組織し、着々民間土木事業を施工して成果を挙げ、昭和十六年十二月同工業所を株式会社に組織替えするに当たり、私は同君の要請に応えて取締役となり同君を助けて事業の発展を図ったのであった。殊に終戦後は手を拡げて、進駐軍関係工事費の支払いの留保や税金の取り立て等によって資金繰りは悪化し、社長の交際費すら不如意となったので私は資金を提供し、その利息を折半して同君を激励したものである。川崎市水道工事、岡山県農業土木事業、猪苗代湖用水利用農業土木、長野県営電気事業等同君が渾身の力を致した請負事業については、常に同君を激励しその事業の施行を支援したのであった。

然しながら天幸いせずして同君は健康を害し、事業に対する情熱も薄れ、病苦を引っさげての活動も効を奏せず、社運は傾き、社長住宅も東海銀行に接収されるに至ったので、私は旧来の情誼を思い郷里より材木を輸送して同君の居宅の再建を支援し、病苦を労う縁とすると共に、会社の再興を祈念したのであった。然し天運は巡り来たらず、昭和三十二年三月同社は破産の宣告を受け解散するの已むなきに至り、昭和三十五年二月十一日同君は寂しく此の世を去ったのであった。

2　鉱山事業

昭和八年牛込の新宅を建設するに当って、湯河原出身の石工和田鉄次郎君が全力を挙げて尽瘁してくれたので、同君が持ち込んで来たモリブデン鉱の開発に力を貸すこととなり、桜田機械製造株式会社の株式を千葉利智君に提供して融資を受け、モリブデン開発に初一歩を踏み入れたのである。が鉱山事業は小資本では経営し難く、飛島組の専務取締役となった児玉君に一任し、各方面に売鉱区を申し出たのであるが其の効もなく、やがて稀金属重用の戦時を迎え、昭和十七年漸く高周波工業株式会社に売却し、配当金壱万円を得て私の鉱業経営は終わりを告げたのであった。

3　インキ製造業

昭和十三年八月小栗盛太郎兄の斡旋と鈴木喜三郎先生の薦めで、凸版印刷株式会社E社長の懇請により官界に未練を残しつつ、東洋インキ製造株式会社社長の職を受諾することになった。同社小林社長死亡の後を受けて、社長独裁の個人商店ともいうべき老舗を近代的組織の会社に脱皮育成することは、官界のみにあった私には些か重荷にも感じ、当初は大綱を統べ業務は常務に一任し、其の能わざる方面に於いて活動しようと決意したのであったが、社内に秩序無くその日暮らしの消極主義の現況を目のあたりにしては黙視し得ず、日常勤務の傍ら社則を制定し、昭和科学研究所を設置して印刷インキ、印刷材料及び塗料等を研究することとし、株式会社西川求林堂を整理し、奉天及び台湾に出張所を開設し、東洋自動車運輸株式会社を創設し、工場を整備し、社員の福利事業を大胆に試み、労働争議を収め、同社に新生面を開いて業績を伸ばし、業界に於ける同社の声価を高からしめたのであった。

然し私の進取積極政策は旧来の重役の主張と相容れず、その裏面策動が盛んに行なわれ、E社長を動かし、新発展を期せんとする社業を妨害すること甚だしく、殊に私がE社長の策動を封じ込めんとするや、同氏の裏面活動は熾烈となったので、私は任期一期を終えるや潔く昭和十六年五月此の会社を去ったのであった。

4　航空機関係事業

昭和十四年私が東洋インキ製造株式会社々長として実業界に華々しく活躍していたとき、同社関係の商人草間君が知人の大久保君を連れて私を訪れ、航空機の修理事業を為すべきことを私に勧められた。立川航空廠の颯波中佐の後援もあるので時節柄この事業は面白いものであろうと予見し、私は友人清水揚之助君を社長として新日本航空機工業株式会社を創設し、私も非常勤重役となり久保、広瀬、両君を実務担当重役として事業を施行したのであった。立川航空廠の地続きに工場を造設し、一時は仲々事業も振って工場を拡張する程であったが、その後清水社長と久保、広瀬両重役との間にわだかまりを生じ、資金面も不如意となって清水組の監査も加わり、遂には私が斡旋に乗り出し、退職金を清水組より出させて久保、広瀬両君を脱退させたが、傾きかけた社運を再び立て直すことは出来ず、遺憾ながら同社の事業は終末を告げざるを得なくなったのである。

5　ウイスキー会社

昭和十八年六月頃、四辻君の水飴関係で知り合った石井清君が野木幹嗣君を同道して来訪し、「テルミナリス」を原料としてウイスキーの製造が出来るから、是非私に一肌脱いで貰い度いとの懇請であった。食糧難の時代に麦を使用しないで「テルミナリス」によってウイスキーを製造することは、国策上当然為すべきことだと思ったので児玉君とも相談し、大蔵省の友人賀屋、松隈両君を動かして其の製造免許を取ったのである。しかし野木君が「テルミナリス」を原料としてウイスキーを製造した設備は、奈良市に在って仮設的な小設備であったので、昭和十八年十二月十八日大東亜醸造株式会社を創設して私が社長となり、野木、石井、児玉の三君を重役となし、奈良市所在の醤油醸造会社を買収して蒸留設備を整え、原料である「テルミナリス」を台湾で増産すべき方途を講じたのであった。

然るに戦局は我が国に不利となり、台湾に移植増産すべき「テルミナリス」は入手困難となったので、甘藷を原料としてウイスキーを製造しようとしたが、偶々野木君の友人が会社の蒸留施設を利用し軍用アルコールを用いてウイスキーを醸造したところ、之がメチルアルコールであった為に飲用者に死亡者を出して大問題となったばかりか、其のアルコールに石油が混合してあった為に蒸留塔は石油臭くなり、その後の甘藷を原料とするウイスキーにも石油臭が残るようになってしまったのである。然しアルコールの不足した時代であったから多少の石油臭等は問題ではなく、八光ウイスキーの売れ行きは上々であった。偶々融資関係から三菱電機株式会社社長高杉氏の目と舌とに止まり、同氏の尽力で融資をうけ、石油臭の蒸留塔を壊して新たに蒸留塔を建設し、八光ウイスキーをシルバーフォックスと改名して市場に売り出されたのであった。

幸いに時代の波に乗ってその売れ行きは良く販路も拡張されたので、石井君の斡旋で関東地区にも工場を建設することとなり、佐原町の焼酎工場を買収して奈良のウイスキー及び合成清酒、佐原の焼酎によって社業の発展を期したのであった。然しその後佐原工場の経営に疑念を抱いたので私は昭和二十五年十月二十六日を以て同社を去り、その後は児玉君を社長とし、石井、野木の両君を両翼として経営は続けられたが社業は進展せず、遂に東洋醸造株式会社に合併の已むなきに至ったのである。

6　製材業

戦時中刈谷車体工業株式会社が私の郷里愛知県北設楽郡稲武町に疎開し、トヨタ自動車の木製ボデイーを製造すべく工場を建設して製材加工施設を整備したが、操業と同時に終戦となってしまった。その後も暫くはその作業を続行していたが、本社との関連でこの工場にも労働争議が起こり、小川工場長と工員との間が円満を欠くに至ったので、私は地元民として何とか之が解決を図らんと斡旋の労を執り、一応解決もついたが、本社では稲武工場を閉鎖に決定した。そこで私は小川君を始め関係者と相談し、同工場を利用して稲武興業株式会社を創設し、国有林の払い下げを始め地元材を求めて木材の製材加工事業を営むこととし、私は古橋家の代表として同社の株を持ち、小川君を社長として之を援助することとしたのである。

元々同社はトヨタ自動車の関連工場としてトヨタ自動車の発展を期待したものであったが、未だ自動車工業は不況にしてその期待に応え得ず、又地元の木材購入にも時宜を失し、金融上にも措置の宜しきを得なかったのみならず、大工場の経営方式は山村の製材業には通ぜず、遂には解散の運命を辿り工場閉鎖の已むなきに至ったことは、小川社長には気の毒であり、多くの離職者を出したことは私の遺憾とするところである。その後同工場敷地は今泉佐久一君の斡旋により稲武町が購入して小川君の窮状を救い、同町の将来の為にも此の工場適地を確保し得たことはせめてもの私の慰めである。

叙上の如く私は実業界に関係し、多方面に亘り色々の経験を積んだのであるが、私が直接に社長として指揮したもの、又は指揮した期間は相当の成績を挙げたのであるが、私が非常勤として重役の名を連ねた事業は兎角思わしくない結果を招来し、関係者にご迷惑をお掛けしたことは誠に遺憾であり、今に関係者に陳謝したい気持ちを持つものである。

（昭、三九、二、一六、記）

八　不祥事件

1　まえがき

昭和十三年八月十五日凸版印刷株式会社E社長の懇請及び鈴木喜三郎先生の勧めにより、平沼先生及び田辺叔父の承認を受け、同僚及び友人の賛否交々の裡に東洋インキ製造株式会社々長に就任した。然し其の当初の重役会に於いてすら既に多少の割り切れない空気を感じた程で、営業及び製造の業務は夫々の常務取締役に一任し、専ら重役間の融和と会社の信用維持に努め、静かに会社の経営を観望することとしたのであった。が佐原常務取締役の死去後に於いては製造部はY常務、営業部はT営業部長に一任し、先ず会社内部の整理を為し、社則を制定し、製造部を初め社業の合理化を図ったのであった。

幸いにして社内の整理を進め、製造部の改革を為し会社の内部的充実を期して、対外的信用を高めるに至ったが、旧勢力の一部に蠢動するものがあって、製造部に於ける労動紛議を醸生し（昭和十四年十月上旬）、重役間の紛争を引き起こし（昭和十五年五月）、遂には告訴告発にまで及んだのであった。然しこれらの紛争は社員及び従業員の私に対する絶対的支持により、有力な重役の転心もあって難なく解決するに至ったのである。

斯くして社業は隆々発展し、当時の社会情勢所謂統制経済に順応して社運の前途は洋々たるものがあったが、実業界新入りの私のこうした足跡は、旧式実業家の気に入らぬものがあったのみならず、権謀家たる一部の人士は会社乗っ取りを企図するものの如く、凸版E社長の態度は微妙なものとなり、私には実に慨嘆に耐えないものがあった。この間社員及び従業員の結束支援を受けて社業の発展に努めた所謂社長派は、常に重役連の制圧を隠微の裡に受け、社員の結束も漸く乱されようとしていた。加えて当時の経済界は統制経済の初期に当たり、各種不合理な圧力が派生し、会社経営上幾多の困難が予想されるに至ったのである。従って会社の営業面に於いても所謂闇取引を余儀なくされるような情勢となり、愛宕警察署及び尾久警察署員の臨検調査を受けるようになったので、私は徒に民間会社に留まって実業界で活躍することに疑問を感じ、その任期の満了を機として会社を退くことを決意したのである。即ち昭和十六年八月潔く東洋インキ製造株式会社々長たるの地位を退き、静かに其の前途を眺めることとしたのである。

2　関連事件の概要

愛宕警察署関係事件　　昭和十五年十一月中旬芝愛宕警察署M、K両巡査が東洋インキ製造株式会社の本社を訪れ、T社員を相手としてY及びA関係の取引に関する帳簿の検閲をしていたので、私は社長として親しく両巡査に声をかけ、万一不祥事件有れば遠慮無く取り調べを為されたき旨を申し出で、且つ将来の捜査の便宜の為に会社の製品倉庫を案内してインキ製造方法の過程を説明したのであるが、両巡査は上司と打ち合わせの上指示するが、後刻帳簿を持参して出頭するよう命じて帰署したのであった。

そこで私は先ず第一に愛宕警察署長に電話して事件の内容を聞いたところ「たいした事件では無い」とのことであったので、重役の不拘束、帳簿の不押収による通勤取り調べを懇請し、第二にT社員及び営業部長に帳簿を持参して警察署に出頭すべきことを命じ、第三にT社員がM巡査と久松警察署在勤時代に同僚であったことを話し出したので、M巡査について事件の内容を聴取すべきことを命じ、車馬賃その他の雑費として金五十円を給与し、第四に大阪出張中のN購買課長を招電し、事件折衝の任を一任しようとしたのであった。

営業部長、T社員、次でN課長の出張取り調べによって、事件の内容は大凡判明した。即ちY関係については、既に昭和十五年の労働争議及び六月の株主総会の際問題化したから、「現物納付の証書」

を取って置いたので此の証書を提出して係官の取り調べに答え、闇取引ではないことを説明して係官の了解を得たもののようであった。斯くの如く其の当初に於ける係官の取り調べに対しては了解を得たので一先ず安堵したが、K巡査の恐喝に遇ってN、T両社員は其の禍の身に及び、引いては会社関係にも及ばんことを憂慮し、K巡査の説得に意を用い、K巡査と各所で飲食を共にし其の裡に之を了解させようとしたものの如くであった。

以上の如く此の事件の取り調べは一段落となり係官は社員の説得で了解したのであるが、一人K巡査は之を以て満足しないようであった。会社内容を知ったK巡査は、その後N社員を通じて金三千円の借金の申込みをして来たが、私は事件に関連される恐れのあることを憂慮して之を拒否させたのである。

処が十二月初旬K巡査はN社員を通じて芝大門前の栄作で私に会見し度い由の申し出があったので、私は昼食を終えてから栄作に赴きN社員の紹介で初めてK巡査と会見し、N社員の帰社後K巡査の訴えを聞き、処女林の女給問題で悩むK巡査に同情し、何とかしてやらねばならぬと思ったのである。そこで十二月十日ころ再びK巡査と会見し、警視庁の先輩としてK巡査の伯父某氏の名誉の為にも、又警視庁威信の為にも速やかに其の女給と手を切るべきを懇ろに諭し、金五千円を与えて速やかなる善処を命じ、更にK巡査の申し出により、監督者O警部補とも懇談することを約したのであった。

そこでK巡査はN社員を通じ、十二月十三日大森まことに於いてO警部補と会談されたい旨の申し出があったので、私は単独で同所に赴き、K、Oと会い、K巡査の婦人問題に関する懇談を為し、K巡査に過ちの無いよう監督され度いとO警部補にお願いしたのであった。

これよりO警部補とはK巡査の婦人問題について十分警戒すべきことを申し合わせ、昭和十六年一月以来牛込左近、四谷小花で会合し、その後の処置について懇談したのであるが、一月中旬赤坂表町警察署田町派出所勤務巡査某より、会社のN社員に対し出頭すべき命令があった。偶々同社員は不在であったので、私がその電話を取り次ぎ後刻N社員を同派出所に出頭させた処、K巡査が同派出所付近で情婦に喫茶店兼バーを経営させ、それもN名義であるとのことを聞いて私は大いに驚き、K巡査が今なお彼の情婦と手を切らないことに憤慨し、二月下旬K巡査を四谷荒木町の小花に呼びつけて叱責し、速やかに手を切り警察官として恥ずかしからぬ行動を取るように命じたのであった。

斯くする裡にもK巡査は恩給年限に達したので退職したが、未だ恩給証書も下がらず収入が無くなったので彼れ此れ屋となり、各種事件の世話をしたり、会社に対しては色々の物資を売り込みにやって来たばかりではなく、私に対して（当時私は弁護士の登録をしていた）T氏の千住警察署に於ける事件の処理を、金壱千円の着手金を持って依頼に来たので、私は一応同署に付いてT社員に事件の内容を聴取させたところ、なかなか難しい事件であったので一旦は之を断ったのである。がKの執拗な依頼があったのでおそらく着手金が欲しいのだと考え、私は彼の持参した金千円をKに与え、T氏事件は漸次解決することを約したのであった。然し其の事件は仲々困難で、私も一度は千住署に出頭してお願いしたものの、急速には解決し難いとのことであったので、之を放任するより他に途は無かったのである。

Kは私より金千円を貰い受けるや郷里に帰り、山葵畑栽培の有利なことを聞いて帰京後私を訪れ、其の資金の貸与方を申し出たので、私は役人の商売の危険なこと及び田畑購入に関しては抵当権の有無等を調査して慎重に事を運ぶべきことを諭し、金二千円を貸与したのであった。

更にO警部補よりKがOに与える口実の下にK氏より金員を詐取したらしいとの報に接したので、私はKを会社に呼びつけこのことを問い詰め事実を確認したので、速やかに返却すべきものであることを説諭したところ、Kも之に従うことになったので大森まことに於いてO、K氏立ち会いの下で金二千円をKよりK氏へ返還させたのであった。

昭和十五年十二月Aが愛宕警察署より出所して会社を訪れたので、営業部長は之を伴って社長室を訪れ、私に初対面の挨拶を為し出所の礼を述べたのであった。其の翌日であったかAは再び来社し、金五千円を営業部長の手を通して私にお礼の意味で提供しようとしたが、私は実業家の金銭提供には兎角後々まで種々の因縁がつくものであることを思い、無条件で私に政治資金として提供するならば之を受け取る旨を答え、其の同意の下に之を受け取ったのであった。即ち当時の統制経済の下では、政治は経済を支配するものであることは何人も承知して居ったところであり、Aも又私の政治的活動を知っていたので、この金五千円を私の政治資金として活用することを承知の上で提供したのである。

其の翌年の一月下旬に至ってAは上京の際、其の違反事件に関し地方に於ける自己の名誉の為又地方に於ける科罰の峻厳なことを予測し、東京に於いて略式で罰金刑にて済むように尽力方を依頼してきたので、私は有力な弁護士竹内賀久治博士に依頼してみることを答え、電話交渉で其の快諾を受けるや、Aは金五千円を出し着手金として私に提供し、更に成功したときは金壱万円を成功報酬として竹内博士に提供することを申し出たのであった。

幸いに此の事件はAの希望した通りに進行し、殊にAが国防献金をしたりして従来の罪過を悔い改めていることが裁判官に通じたと見えて、東京区裁判所に於いて略式にて罰金五千円で済んだのであった。Aは心から喜び成功報酬金壱万円を提供したので私は之を竹内博士に手渡したが、猶私に対しても事件解決の謝礼として金五千円を提供したのであった。

求林堂、山本伝動機株式会社、T氏の統制違反事件については、私は求林堂の相談役として、山本伝動機株式会社の顧問として、又事件についてはK及びT氏より依頼を受けて善処したもので、何等不当の申し出を為したものではなく、T社員を派遣して事件の内容を各署について聴取させ、F、N等を介して警察官に折衝させたに過ぎないものであった。幸いに求林堂、山本伝動機株式会社、T氏事件は所謂人権蹂躙のこともなく、通勤で取り調べを受け円満に解決を見たのであった。

尾久警察署関係事件は、昭和十五年十一月二十二日頃、尾久警察署巡査大室恒司は東洋インキ株式会社の社長室に私を訪れ、会社の「リスリン」関係帳簿の提出検閲方を申し出たので、私は偶々来社した野田経済研究所の伊藤豊一君と対談中であったが、同巡査の申し出のままに会社の帳簿を提出して、其の検閲に附したのであった。O巡査は之を詳細に調べ「リスリン以外にも公定価格以上で売却したものがあるような独り言を言っていたが、やがて同巡査は明朝同署まで帳簿を持参の上社員を出頭させて貰い度い旨を伝えて帰って行った。

私はO巡査の独り言が気になったので、同巡査の退社後直ちに営業部長を社長室に呼び、そんな事実があるかどうかを質問したところ「買い入れ価格が高くなったから高く売った」とのことであったので、私は「それはいかん、喩え買い入れ価格が高くとも公定価格以上で売るべきではない」と説諭し、各取引先毎に調査して至急其の超過額を返却すべきことを厳命し、営業部長の下に営業部全員を残して其の超過額の整理をさせ其の返却方法を講じたのであった。

斯くして翌朝N購買課長は尾久署に出頭してO巡査の取り調べを受け、私はその日休日であったが出社してN社員の報告を待ったのである。然しN社員よりの報告は来なかったので、私はN社員を電話口に呼び出し取り調べ状況を聴取したところ、仲々面倒になるようだとの報告を受けたので、私は急遽同署に赴き署長に面会してN社員の携行した超過額返却書を署長に示し、何等悪意があったのではなく只営業部長の思い違いによって処理したものであることを説明し、このように超過額を返却する手続きを取った上は、寛大な処置を請う旨を述べて帰社したのであった。署長も其の真相を理解されてかこの事件は不問に付され、只始末書のみで本件は落着したのであった。

処が昭和十六年初めに尾久警察署の巡査部長某の瀆職事件が発生するや、この巡査部長の妻はO巡査初め同署員の勧めによって私を市ヶ谷の私宅に訪ねたところ不在であったので、翌日会社に来訪したのであった。私は早速電話で同女の夫の罪科について警視庁刑事部に対し其の内容の調査方を依頼し、直ちに同庁に赴いて多々羅刑事課長と相談したところ、罪質は悪性で免除の余地の無い旨を答えられたので、私はこの旨を同妻女に伝え静かに見守ることを諭したのであった。一方O巡査は某巡査部長の配下であった関係から、同巡査部長より正月饗応を受けたことがあったので監察官の取り調べを受ける事ともなり、心中悶々として其の取り調べを受けた直後会社に私を訪ね、叙上の経緯を語り、直ちに辞表を提出したいとの心境を述べたのであった。私は同巡査に対し自分自身何等疚しいところが無いならば本件に対しては何等辞職すべき理由がないので、心気を新たにして本務に精進すべき旨を懇ろに諭し帰らせたのであった。

そこでO巡査も辞意を翻し同僚にも励まされて職務に精励し、時には私を訪ねるようになって種々経済警察の実情を語ったのであったが、昭和十六年の或る日応召の命を受けたとて頭髪を刈り丸坊主となって私を訪れ、応召出征の旨を伝えたのであった。私は同巡査の意気を壮とし、其の職務に精励して経済界の実情にも精通して居るのを惜しみながら、国家危急存亡の際国難に赴き奉公の誠を致すは男児の本懐なりと、同君を激励するところがあったのである。

翌日同巡査は妻子同伴で会社に私を訪れたので、私は同君の門出を祝い且つ妻子の生活の途を補う意味で、N課長に用意させた奉書入りの祝儀を妻女に手渡し、留守中私で手伝うことが有れば何でも相談され度い旨を述べたところ、同巡査夫妻は喜んで退社したのであった。

3　関係資金

叙上の各種事件、即ち内は会社の紛議解決に外は各種違反事件解決に対し、私は私の資金を初め交際費を活用したのであったが、其の費用を会社に請求して使用するには、余りにT監査役初め反対派重役の陰険な処置が多かったので、直接会社の会計係より支出することは困難な実情にあったから、遂にN、H両社員に相談してF社員の所有する軸物をN社員に購入させ、更に之を会社に於いて購入することとして金七千有余円を捻出し、之を取引銀行の京橋支店に預け入れて置き、必要の都度引き出して活用したのであった。

4　事件の前駆

昭和十六年の初め、三重県四日市警察署に於いてKの恐喝事件の調査を開始するや、Kは嘗ての上司Oより之を聞いたものか、自分の身辺に捜査の手が伸びることを感知し、名古屋製油株式会社のNより収受した金五百円について憂慮し始め、私に対して其の善後処置を相談に来たので、私はKに対し直ちに同金額をNに返還すべきを懇諭したのであったが、其の後四日市警察署及び安濃津検事局の活動は活発となり、遂にKを拘引留置して取り調べを始めるに至ったのである。

此のKの取り調べに関連して、東洋インキ製造株式会社からもT、N、Xの三社員が引致されて取り調べを受けることとなり、次いでAの取り調べも進められたのであった。記録によればKの陳述を基としてTの申し立て、Nの訊問、Tの糾明となり、一件記録が調整され同人等の陳述を基として遂に事件の捜査は東京に迄及び、丸検事等の出張取り調べとなるに至ったのである。

5　家宅捜索、拘引、拘置、取り調べ

斯くして東京区裁判所検事局は、安濃津検事局百瀬検事の報告及び丸検事の出張取り調べ報告を基として、金沢検事正の反対があったにも拘わらず岩村司法大臣の承認を受け、岸本検事指揮の下に活動を開始し、昭和十六年十二月十九日私の私宅に臨検し、先ず私の同行を求めると共に家宅捜索を為し、同日簡単な取り調べを為した後私を拘留処分に附することを決定し、其の手続きの過誤を敢えてしながら、一夜を警視庁の留置場に留め、次いで東京拘置所に留置したのであった。

十二月十九日より丸検事は私に対して取り調べを開始し、四日市警察署に於ける取り調べを基として私を誘導訊問し、不当な取り調べを敢えてし、安濃津裁判所小林予審判事も亦出張取り調べを為し、私を証人として一問一答の形式で調べ、約二ケ月間数回の取り調べを為すの他は、多くは東京拘置所より手錠を嵌めては春日町留置場に護送して独房に監禁し、厳冬中も殆ど取り調べを為すこと無く拘

置所に送り返すことを繰り返し、体裁のよい拷問的取り調べを為したものと言うべきであった。此の間香港陥落、シンガポール攻略、フイリッピン上陸の捷報は所内に号外を以て報ぜられ、感慨一入なるものがあった。

6　第一審裁判所の裁判顛末

昭和十七年二月十六日、第一審裁判所である東京区裁判所に於いて、元林判事の司会の下に公判審理を開始し、T被告の審理に次いで私の審理が開始されたのであったが、私は私の主張を遠慮無く陳述して関係被告の陳述の虚偽なることを明確にしたのであった。立ち会いの丸検事が三月十八日「川村被告は三百代言的否認を為したり」と論告したように、私は公判廷に於いて極力私の主張が正当で、検事局調書の不当なることを指摘したのであった。この間区検事局は東京地方裁判所の了解無く、二月二十七日には都下新聞紙に大見出しで、私の犯罪は事実なりとして誇大掲示をなさしめたのであった。

第一回の公判が開始されて漸く二月十九日に保釈出所を許され、私は弁護人の木村篤太郎、横田隼雄、竹上半三郎、斉藤富治の諸君と三月十日治作で会合し、今後の方針を定め公判廷に臨んだのであった。が未だ十分な調査を遂げる余裕もなく、私は再び公判廷に於いて十分自己の主張を陳述し、判事の了解も得られたものと思ったので敢えて証人の喚問を要求しなかったのである。然し不幸にして検事ファッショの時代であったので判事は検事調書を是認し、T被告の五回も陳述を変更したようなものを基礎として私の主張を一顧だにせず、亦関係弁護人の弁護を毫も斟酌しないで、四月十日懲役十ケ月の判決を宣告したのであった。

7　第二審裁判所の裁判顛末

そこで私は四月十日即日控訴提起を為し、第二審裁判所たる東京刑事地方裁判所の審理に対処する方途を考究したのであった。第一審に於ける木村、横田両弁護士は除き、新たに島田武夫、海野晋吉両弁護人に依頼し、島田弁護人の指図の下に控訴上申書を作成し、海野、竹上、斉藤弁護人の協力を得て完成し、之を裁判所に提出し、更にS氏の助力を得て証人申請書を作成し、之を弁護人より提出したのであった。

昭和十九年二月一日以来第二審裁判所たる東京刑事地方裁判所は、其の第七部に於いて判事主任の下に公判審理が開始され、私は第一審以来主張した諸点を強調し、且つ上申書記載の如く各関係者の陳述の虚偽なる点を指摘して私の罪無きことを明確にし、更にT証人の喚問によって（Tは既に服罪したので証人として喚問した）国家総動員法関係の闇取引事件には何等関係の無いことが立証されたのである。が贈賄事件に付いては証人申請が却下されたので、其の客観的立証が得られなくなったことは誠に遺憾であった。

斯く第二審に於ける主任判事の審理は形式的なものであり淡々と進められ、弁護人等の提出した証拠は毫も顧みられることなく、遂に五月十一日に私に対し総動員法違反即闇取引については無罪とし、贈賄に付き懲役八ヶ月の判決が下されたのであった。

8　上告審裁判所の裁判顛末

もとより即日上告し上告審に於ける審理に応ずるの準備に取りかかり私自身上告趣意書を作成し、海野、竹上、赤井の弁護人も上告趣意書を作成して之を提出したのであった。

上告裁判所たる大審院第二刑事部に於いては上告趣意書の審理に当っていた処、昭和二十年三月十日の大空襲により関係書類を消失したので審理は一時中断したが、昭和二十年八月二十二日弁論を再開し、九月五日弁護人の弁護があって九月十五日駒田重義裁判長は「原判決を破棄し、本件を東京刑事地方裁判所に差し戻す」との判決を下すに至ったのである。私は記録焼失によって私の主張を空にされることを憂慮したが、幸いにも破棄差し戻しの判決で一先づ安心したのであった。

9　差し戻し裁判所の裁判顛末

差し戻しを受けた東京刑事地方裁判所第二部に於いては、昭和二十一年一月二十三日以来上富士判事主任の下に公判審理は開始され、同月二十五日、二十八日、三十日、二月一日の五回に亘って続行されたのであったが、その後裁判長の更迭があり、新裁判長鈴木忠之判事は十一月十三日、十五日を期日に指定し、両日細野検事立ち会いの下に審理が進められたのであった。私は一貫した主張を以て之に臨み、裁判長の訊問に答えるはもとより、更に最後には①検事調書の虚偽なることを証人の陳述及び弁護人提出の証拠より押して之を立証し、②私に有利な証拠を引用されなかったことを不当なりと陳述し、③更に弁護人斉藤富治氏の提出した有利な証拠（婦人問題解決十数件、金銭貸与十数件）の焼失したことを惜しみ、同氏逝去の今日同氏に代わって其の意のある処を概述し、④私の提出した控訴上申書及び上告趣意書の焼失により不利となることを力説し、⑤私が第一審以来主張し続けたことが証人により正当なことが立証されたので「川村は虚偽の陳述をしなかった」との心証を得られ度い旨を述べ、裁判官の裁断の資に供したのであった。

弁護人海野氏は、第一に起訴証明の無効なることを主張し、次いで私の経歴及び事業を述べ、私の性格性行を陳述し、生家の伝統精神を開陳し、更に本件に付き川村被告が何等罪跡を負うような行動の無かったことを陳述し、裁断の資に供したのであった。

斯くして昭和二一年十一月二十二日、裁判所は鈴木忠之裁判長の名を以て「無罪」の判決を宣告するに至ったのである。此処に満五ケ年に亘る裁判事件も漸く解決し、只管神助と冥助と友情とに感謝するのみで、敗戦日本の再興に更に心を新たにして精進し、天の試練を空にしないことを期するものである。

（昭、二二、一一、二二、記）

10　あとがき

所謂不祥事件を起こしたことに付いて、私は私の不明と不徳を今更ながら恥ずるものである。而して如何に之を償い私自身の行く末を図り、家族の将来を思い、生家の名誉を回復し、社会的政治的活動を如何に展開すべきかを反省考究するとき、先ず第一に、私は私自身の両面的性格に付いて考えなければならないのである。役人として世に立たんとした私が、人の泣き落としから実業界に身を入れたことを先ず反省しなければならない。当時の情勢は政党政治より官僚政治へ、そして軍部政治へと移行しつつあるときであり、直ちに私が復活して行政官となることは、周囲の情勢が許さないものがあったから、一時は実業界に入り斯界でも力を伸ばして其の実力が認められ、将に統制経済に移行せんとするの時に当たり、再び官界に亦政界に帰り咲き初志を貫徹しようと考えたのも、当時としては已むを得ない処であった。が、もう少し熟慮して国本社を中心とする運動に専念することが、将来の為には良かったのではなかろうかとも思われ、人間の出所進退に付いては、十二分に考慮しなければならないことを痛感するものである。第二に、一旦実業界に身を投じた私が、自らの力量が実業界に於いても十分通じ得ることを知ってその力を恃み、旧来の実業家の面目や思惑を無視し、短兵急に会社の改革を断行して旧来の実業家の隠微な反感と反対を醸生し、得意の時代は兎も角も其の失意の時至るや反対勢力は忽ち結集して狼煙を挙げることを考慮しなかったが故に、不祥事件の突発するや旧勢力は投書に策動に、只管画策して私を奈落の底に陥れんとしたのであった。

之に加えて、私が警察界に於いて華々しく活動し、警察界の一大勢力として存在したのを嫉視した検事局の一派、殊に其の大御所の庇護を受けた検事局の一部が、これ等の投書又は流言を利用して私を失脚させようとする情勢にあったことは、この事件を通して十分注意すべきところであり、如何なる時に於いても反対勢力に対しては注意を払うべきであって、例えその反対勢力が如何に小さくとも之が結集するときは、不測の禍を引き起こすことを身を以て体験したのであった。第三に、実業界は官界よりも功利主義の傾向強く、官界に育った者殊に私のような人生意気主義で実業界に臨むならば、遂には失敗に終わることを痛感したのであった。即ち実業界に於いては実利を本位として社員を指導し、実業家に対しても実利主義で接するの外途の無いことをしみじみ感じたのである。殊に不祥事件に関する捜査の始まるや、社員を初め重役に至るまで一身のことに汲々として他を顧みることなく、只管我が身に責の及ぶことを恐れて他人に責任を転嫁し、些かも恥じない現実を目の当たりにして、将来人を用いるに当たっては十分考えなければならないと思ったのである。第四に、検事ファッショの時代に於いては人権蹂躙の如きは朝飯前で、裁判官も検事局の意向を重んじて被告の正当な主張を認めず、弁護士も亦其の業務上兎角迎合的弁論を為し、被告の真意が裁判官に伝わらない傾向があったもので、如何なる時に於いても被告は一貫して自己の主張を貫くことに心がけ、他人を当てにせず自らを当てにし深思して事に当たるべきを痛感したのである。第五に、一旦我が身に不祥事件の発生するや、他人は勿論多年の知己友人すら「火のない所に煙は立たず」として兎角傍観者となり、真相を究明し事の理非を明らかにすることを怠り勝ちのものであるから、飽くまでも人を当てにせず自身で事を処理し、自己の主張を曲げることなく自分を当てにして事に当たるべきものであることを銘記したのであった。第六に、一旦被疑者として拘置され、先ず思うことは自分一己のことではなく家族のことであった。其の将来を思い私の身を当てにして生活してきた家族が、今後どうやって行くかと心を配ることは異常なものであった。出所して家族と生活を共にする様になってみると、何となく以前と異なった雰囲気が家庭内に醸し出されて、嘗ての理想的な家庭生活に陰鬱の空気が漂い、日刊紙に不祥事件が発表されて子供達は学校へ行くのも何となく惨めさを感じ、妻は買い物に行くにも人知れず苦しみをあじわい、親戚との付き合いもどことなく遠慮がちとなり、長男静一の如きは健気にも父に代わって奉公の誠を致さんものと決意し、東京大学在学中より海軍を志したが不慮の災厄に遭って黄泉の客となり、結婚以来何のわだかまりもなく夫唱婦随の生活に満足してきた妻とも、時には衝突するようになっては愈々家庭生活も味気ないものとなったのである。私はこの間に只管事件の解決を計ったが何分にも相手のあること故に思うに任せず、私の傷心焦慮は並大抵のものではなく、世間との接触を憚り、家庭にあって事件処理の方法を思い詰めるという惨めな生活を送ったのであった。

幸いに昭和二十年末に至って事件に関して曉光を見出し、家兄の遺言により創設した財団法人古橋会の事業と、後を託された古橋家の将来に関し深思断行すべきことが多くなってからは、漸く事件関係より蝉脱して私の使命の奈辺にあるかを悟り、昭和二十一年十一月二十二日に無罪の判決を受けてからは、心気も晴々として所謂光風霽月の思いを為し、昭和十八年に急逝した静一の冥福を祈りつつ静一に代って更に努力精進せんことを誓い、昭和二十二年如月次男英二の急逝を痛むも、漸く心気を取り戻して財団法人の事業に励み、娘多稼子、千嘉子の将来を思い、適当な配偶者を得てこの二人の行く末に出来るだけの配慮を為し、美和子の為には経済的に後顧の憂いの無い処置を講じ、長兄道紀の遺言により古橋家の相続人となった敬三改め源六郎の教導に力を致し、英二なき今日古橋家、川村家の両家の関係については、川村家を絶家として一筋に古橋家の為に計ることが出来るようになって、私も一安心をしたのである。第七に、入所中より幾度か死を覚悟し、役人の名誉の為にも古橋家の為にも一時は潔く自決しようとし、空襲に際しては最先に警戒任務に就き爆死を覚悟したのであったが、事件の推移を見て徒に自決して世の批判に一任するよりは、自ら事件を処理してその公明を世に示すべきことに思い至り、専ら事件の解決に心を砕いて幸いに無罪の判決を受けるに至ったので、私の将来については美和子の心をも察して従来の如く他人の依頼に心身を削るの愚を避け、古橋家及び古橋会の事業に心血を注ぎ、古橋家の伝統精神の発揚に只管精進せんことを期したのである。

更に第八として、事件に関係し弁護士等に謝礼として支出したものは第一審に七千四百五十円、第二審に四千七百円、第三審に三千八百五十円、合計一万六千円、諸雑費の調査記録謄写代第一審五百円、第二審五百二十円、第三審百三十二円、差戻審千百七十五円、合計二千三百二十六円余、上申書代第二審二百三十五円、第三審百五十九円、合計三百九十四円余、証人申請費六十七円、会合費五百円等、合計三千二百八十九円余にして、其の他謝礼として書画四幅を贈り、総合計二万数千円を費し、その経費は鬼怒川の別荘を売却した資金を以て充当したのである。

思えば進路を実業界に向けられたが為に幾多辛酸を嘗めたが、之も私の両面的性格の破綻とも言うべきものであろうが、ここに覚悟を新たにして公益事業を振起し、古橋家の伝統精神を昂揚し、世の為、人の為を図り、家兄遺託の大任を果たすことに我が余生の精魂を傾け尽くさんことを期して已まないものである。

（昭、三五、四、一六、記）

第三部　委託を奉じて　「古橋会理事長として」

一　委託を奉じて一年有半

昭和二十年十二月十八日、義姉まきの依頼を受けた古橋光四郎、宮下敬三よりの懇請により、其の要請を受けて生家古橋家に帰ったが、長兄道紀は初夏の候より口中の腫れ物に悩まされて十二月八日には遂に臥床され、苦悩に耐えられつつも憂悶やる方なきものがあった。私が帰宅直後家兄の枕頭に座してお見舞い申し上げた時には、何となく元気を一時的に出されたものの、既に胸中には覚悟を決めて居られたものの如くであった。義姉の事を頼まれ、其の夜の枕頭での相談は夜半の一時に迄及び、古橋家の将来に対する方策につき下問があり愚見を申し上げた処、家兄は之を書面に認めて提出せよとのことであった。

十二月十九日早朝、私は積雪を踏んで郷社八幡神社に参拝し、公明正大な態度で家兄の委託事項である①古橋源六郎道紀の財産処理基本方策、②農耕地調整法に対する方策、③財団法人古橋会寄付行為及び細則案、を起案し、二十日には義姉立合の下に家兄と懇談を重ねて左の結果を得たのであった。

① 処理基本策の確立

財団法人設立と其の役員指名

道紀及び其の家族の体面維持方法

農耕地の処理

② 稲武町国民健康保険組合に金壱万円、及び町役場吏員互助会に金五千円寄付

③ 学校敷地の寄付

④ 其の他知人佐藤珍水氏外数名に対する土地譲渡の件、及び暉保会に於けるレントゲン機械購入の件

斯くて前叙の家兄の意見に基き、夫々の寄付行為を作成して家兄の希望に応え、家兄も一時は気軽になられたか、正月の餅搗きのことまでも注意されたが、二十五日に至るや私を枕頭に呼び「最悪の場合を考えて置かねばならぬので遺言書を認めて置き度い」と言われた。私は家兄を慰める為「そんなご心配はいりません、病も回復に向かいつつあるのですから」と申し上げたが家兄は承知されず、私が先に起案し提出して置いたものを遺言書として封入せよと命ぜられた。そこで私がそれを封緘していると、「法律上有効か」と申されたので私も気が付き、早速六法全書を調べ自筆に非ざれば無効な

ることをお答えした処、家兄は病を押して眼鏡を掛けられ、万年筆を持って仰臥の侭左の遺言書を自署されたのであった。

古橋源六郎道紀は左の通り遺言す

一　同封川村貞四郎をして筆記せしめたるものを基礎として全財産を処分すべし

二　財団法人古橋会を設立し公益事業を振興すべし

三　財団法人古橋会の設立事務は川村貞四郎之を為すべし

四　財団法人古橋会の寄付行為は川村貞四郎をして筆記せしめたる案を基として作成すべし

五　相続人には川村貞四郎三男川村敬三を指名す

私は之を共に封印して家兄に手渡すや、家兄は之で安心したと見えて、すやすやと休まれるに至ったのであった。其の後は殆ど話をされることもなく瞑目仰臥、義姉の捧げる流動食も喉を通らぬようになり、時々血混じりの喀痰に悩まされて目を開けられるに過ぎなくなったのである。私の責任は之を機として重きを加え、悲嘆の裡にも家兄の委託に背かざらんことを期しつつ勇往邁進しなければならなくなった。以下順を追って私の為し来たったことを記録して家兄の霊前に供えると共に、識者のご批判を仰ぎ今後の施策の資に供せんとするものである。

1　道紀兄に関すること

道紀兄の逝去するや、直ちに郷里の習俗に従って埋葬の準備を為し、町葬の決定あるや町当局と打ち合わせて諸事を整え、葬儀委員長を片桐春樹名誉助役にお願いし、古橋家に於いては義姉の意見をも斟酌して、卓四郎兄と私とが総てを掌理することとしたのであった。其の諸次第は別記葬儀次第に明らかであるので之を省略する。

何分逝去が年末に迫っていたので、町葬は松明けの一月八日に斎行され、二十日祭（一月十六日・十七日）三十日祭（一月二十六日・二十七日）四十日祭（二月五日・六日）五十日祭（二月十五日・十六日）百日祭（四月七日・八日）一年祭（二十一年十二月二十九日）と夫々佐藤珍水八幡神社宮司を迎えて祭祀を執行し、其の遺徳を偲んだのであった。

道紀兄の意志を発揚するに最も重要な遺言書に付いては、一月の初め義姉より之を兄弟に示され、二月七日義姉は新城区裁判所に出頭して之が検認を受け、遺言の執行方法に就いては、二月十八日に私が起草したものを議題として二月二十八日卓四郎兄、重姉、光四郎、まき義姉と共に協議し①遺言執行者として私が選定され、相続に関して指定相続届及び家督相続の手続きを二月二十五日稲武町役場に於いて完了し、財団法人古橋会の設立については準備中なることを報告し、②親族会議で後見人、後見監督人に関して懇談し、私が古橋源六郎の後見人に選定され、後見監督人には間運吉氏にお願いすることとし、③現金の処理に付いては種々の経緯を経てまき義姉と協議し、④形見分けに付いては道紀兄の意志に従って適正に処理する、等遺言の執行方法に付いて疑問無きを期したのであった。之より先、私は二月二十五日町役場に至って相続人指定届及び家督相続の手続きを取り、更に四月九日古橋源六郎襲名届けを為し、古橋家の将来を図ったのである。

道紀兄の業績に関しては生前之を世間的に発表することを厭われた関係もあるので、私は今泉助役と相談し、同氏の熱意により道紀兄の顕彰方法を案出して之が資料を収集し、諸手続きを経て賞勲局に進達して、昭和二十一年同局より其の生前の業績が確認され、別途褒状に示されるように遺族に対し三組銀杯を賞賜されたのである。

石塔については一年祭の終了後建立しようと関係者と諮ったが、時節柄好適なものが得られないので、道紀兄が生前確保して置かれた石碑素材を活用し、古橋家風に則り之を建立しようと熟慮準備中である

2　財団法人古橋会に関すること

道紀兄の遺言に基づき、遺言執行者として亦財団法人の理事長として指定された関係から、私は家兄の意志を速やかに実現すべく、遺言書の内容である寄付行為案を基として早速寄付行為を作成し、関係当局である文部省社会教育局を訪れ、縷々意見を聴取して必要書類を作成し、昭和二十一年三月

十四日、稲武町を経由し北設楽郡地方事務所の審査を受け、三月十七日之を携行して早川愛知県知事に面接し、日曜日にも拘わらず同知事の心よりの援助によって、三月十九日財団法人古橋会の設立許可を受けるに至り、次いで三月二十三日之が設立登記を終えたのである。

財団法人古橋会の事業は其の寄付行為に明らかにしたように、公益事業であって其の範囲も広汎に亘っているが、私は先ず稲武町民に適切にして分かり易い事業より初めて漸次理想的方向に進めたいと考え、出来るだけ容易なものより手を付けることとしたのである。

① 乳牛購入による栄養補給と農耕肥料の増産

財団法人の設立手続きに日時を要したが、その間私はかねてよりこうした農山村には乳牛を導入し、乳幼虚弱者に対しては牛乳を配布して栄養の補給を計り、一方其の堆肥によって農耕肥料を補給する為にも、酪農を開拓すべきものと考えていたので、愛知県農業試験場稲橋試験地の氏原技師と協議して其の要請に応えることとし、先ず亡兄から戦災見舞いとして又形見として頂戴した金員を以て乳牛を購入し、之を試験地に預託したところ、関係者の努力によって着々と其の成果を上げたので、私は財団法人の事業として適切なものと考え、設立の認可有るや其の第一着手として、五月十日此の事業を財団法人に移したのであった。

② 公共鉱泉浴場保道会館の建設

道紀兄生前の意思を奉じ、嘗て私に相談されたことのある夏焼シオノタワ所在のナトリウム鉱泉を活用することは、国民保健上にも遺利活用上にも、又稲武開発の上にも効果があると思ったので、昭和二十一年二月二十一日建設地の整地に着手し、有志青年の協力を得て岩盤を掘削し、敷地を造成して二月二十五日に基礎石を運び込み、五月二十一日には地鎮祭を挙行した。この上に私が山形県知事時代に試みた寒地農村に適したモデル住宅を建設して農民を啓発しようと、私の構想に基づき後藤松次郎君に之が設計施工を依頼したのであった。時節柄労務や資材の不足など種々の不自由を克服して五月二十二日には上棟式を挙行し、少年団の瓦運びを初め別家や協力者の支援によって之を完成し、亡兄を記念して保道会館と名付け、昭和二十二年三月三十日落成式を挙行した。然し当初計画した浅間神社境内より湧出する鉱泉を導入する迄には至らなかったが、鉄管を初め必要資材の不足する折柄暫くは延引も已むを得ないものと思い、塩田のナトリウム泉が町民を楽しませ道紀兄を偲ぶ縁となっていることは慰めである。

③　小型製粉機の設置

食料不足の折柄未利用資源を活用し、之を粉化して食料とすることの必要なことは論を待たないが、いざ実施となると製粉機その他で問題があった。そこで私は刈谷車体株式会社の小川早二氏に相談し、其の好意によって豊田精機株式会社の小型製粉機を購入し、之を事務所に備え付け一般に開放して利便に供した。

④　文化天火鍋の配布

粉食の奨励に伴い製パン器具の必要を感じ、義弟加藤敬道の同志が創製した文化天火鍋を購入して各字に二個ずつ無償配布し、講習会も開催して粉食の利用を勧めた。

⑤　結婚衣装の備え付け

冠婚葬祭の簡素化を提唱し、花嫁衣装を古橋会に備え付けて一般に無料で貸し出すこととした。

⑥　奨学施設学生寮の設立計画

教育は日本再建に欠くべからざるものであるが、僻地の学生に対しては、単に学資の補給による支援のみでは時節柄不十分であることに思いを致し、名古屋市内に学生寮を建設して恵まれない学生を収容し、奨学の実を挙げ且つは稲武町民の止宿にも提供しようと、昭和区西畑町に宅地二百余坪を購入し、この上に学生寮の建設計画を進めている。

⑦　郷土の開発

将来構想として火葬場の設置、公民館の建設、総合病院として酒蔵の活用、学校放送を支援して僻地教育の振興を図る等、出来るだけ郷土の開発に貢献せんことを期している。

3　古橋家に関すること

遺言の執行に当たり、相続人川村敬三は未成年者であるから後見人の人選が必要であったので、予め小木曽弁護士の意見を聞き、卓兄、重姉、まき義姉、甥光四郎と親族会員や後見人、後見監督人の人選などに付いて協議した。

① 後見人の選任

昭和二十一年三月十二日、親族会員として古橋卓四郎、古橋光四郎、宮下敬三、柴田孔三を選定し、親族会議の結果私が後見人に推薦された。然し私は相続人敬三の実父であり、財団法人古橋会の責任者でもあるので、両者の兼務は不適当だとして極力辞退したが、強い要請により已むなく内諾して小木曽弁護士により各手続きがなされ、三月二十三日正式に後見人として私が選任されるに至ったのである。

② まき義姉問題

昭和二十年十月二十日、私が家郷に疎開していた妻子を連れ帰る為に帰稲した際、道紀兄よりまき義姉の将来を依頼され、義姉自身も私に依存するところがあったので、私は道紀兄の病革まり其の招請によって帰稲し看護の任に当たるや、まき義姉を支援し分別家との関係に付いても十分配慮しお手伝いをしたのであった。まき義姉もそれ以来殊に家兄の逝去後は万事万端私に相談があり、私も誠心誠意古橋家の将来の為義姉を支援し其の地位確保に努めたのであったが、三十日祭を終えて一旦私が帰京するや、如何した訳か義姉の心事が一変して家郷の様子がおかしいとの事を耳にし、五十日祭に帰稲して見ると果たして其の通りであった。義姉は子供も無く気の毒ではあったが、其の我が儘から長らく名古屋に別居して何等古橋家に貢献することなく、今又古橋家の危急存亡の時に当たって、実家に帰らんとする義姉を私は切々と諌めたが、五月九日早朝無断で里へ帰ってしまった。そこで私はまき義姉の最も信頼する柴田孔三をして、まき義姉が其の心を改め古橋家の人としての自覚を持つならば、相続人が無く老母に孝養を尽くさんが為に里に帰ることも許されようし、其処で亡き夫たる道紀兄の冥福を祈りつつ清淡な余生を送られると言うならば、古橋家の後見人として出来るだけの事をしようが、道紀兄の嫁であり、古橋家の人としてのけじめだけは付けて貰い度いと言うことを、伝えさせる事としたのであった。

③　農耕地の処理

農地法に対応する古橋家の農地の処理に付いては、道紀兄の遺志を奉じつつ種々考慮した結果、先ず第一に遺言に基づく古橋家の保有土地を定め、第二に之以外のものは一旦財団法人古橋会に帰属させ、第三に同法による保有耕地以外のものは、分別家、縁故者、小作人等に分与することを適当と考えたので、此の方針に基づき愛知県知事の認可を受け、四月十五日には分別家に対する割り当てを示し、五月三十一日には古橋源六郎より財団法人古橋会に移転するの許可を受け、夫々関係者に分与したのであった。更に自作農創設に基づく法規的処理については農地委員会に一任し、中津川所在の土地に付いても同町農業委員会の処理に一任したが、希望としては古橋家の先祖の発生地、殊に三河古橋家の祖義次の開拓した中津川用水に因縁の深い農地であるから、義次の記念の為に、学制改革に基づく新制中学校の建設用地として使用する時は、無償で譲渡することを町当局に申し出てある。

④　山林田畑に関する登記と債権債務関係の処理

遺言書に基づき全財産を寄付した関係と農地法に基づく農耕地の分与に伴い、山林田畑宅地等の移転分割其の他の登記が生じたので、司法書士岡松金作君を煩わして各方面と折衝し、五月十四日には田畑関係から始めて逐次登記手続きを完了した。債権債務に付いては各帳簿によって之を推量し其の証書に基づいて調査し、各債務者に対しては旧店員によって取り立てを行ったが、旧債務に付いてはかなり古いものもあって、今直ちに之を取り立てることは困難に思えたので漸次整理しようと考えている。又数十年に及ぶ債務問題を始め分別家に関する問題も実情に配慮して何れも円満に解決した。

⑤　建造物の整理

所謂旧家として地方に重きをなし、家業は酒造業であった関係から家は大きく、土蔵、倉庫、工場等が幾棟かあり、然も今は家業もなく当主は在学修業中の身であるので、旧来の由緒を明らかにした上で之等建物を思い切って整理し、将来を図るべきものと考えた。

イ　家長簿の作成　先ず古橋家の由来を調べて代々の事歴を記載し、親戚故旧に関することを明らかにした。

ロ　家屋取り壊し　裏にあった二階屋は道紀兄生前の命もあったので、昭和二十一年末より農事試験場練習生の手伝いを受けて取り壊し、古材の一部は同試験場の牛舎と堆肥舎の用材として提供し、瓦は公共鉱泉浴場保道会館の屋根に活用し、他の一部は別家和泉屋に分与して其の復興の資に供した。

ハ　先祖倉の整理　先祖義次の深慮によって建設され古橋家にとって因縁深い先祖倉を二月二十日より整理し、新たに手を加えて財団法人古橋会関係の諸道具の保管庫とした。

ニ　西倉の補修　三月四日西倉保存の道具中大切な物を先祖倉に移したが、三月十六日隣家原田氏より西倉西側破損の旨忠告があったので、直ちに補修にかかり四月十一日に至って漸く補修を終えた。

ホ　本倉の整理　三月六日より本倉内の諸道具や衣類などの整理を始め、誰でも判るよう配置換えをするなど整理を進めたが、其の他書画骨董や古文書等も多くあり之等を合理的に整理するには、更に一考を要すべきものがあるので今後の課題としている。

ヘ　漬け物部屋の整理　古橋家には備荒貯穀の伝統を承け、梅干しも古くからのものが沢山あるが、一家に不幸のある時は梅干しが腐ると云う口伝の如く梅干しの腐敗甚だしく、其の他の漬け物に付いても整理する必要があったので、四月二十四日重姉泰義姉の協力を得て之を整理した。

ト　旧穀倉新穀倉の整理　昭和二十二年一月二十五日より新旧穀倉の整理を為し、旧穀倉は角材、板材等木材、新穀倉は諸物資の保存倉とした。

チ　桶倉の整理　昭和二十二年一月二十六日より桶倉の整理を始め、保存板材は旧穀倉に移し、一部は売却して労務賃金に充て、其の余りは薪炭材とした。此の桶倉は当局の許可を受け次第名古屋市内に移築し、学生寮として活用する計画である。

リ　酒蔵の整理　昭和二十二年二月四日より酒蔵の整理に掛かり、之は公共的利用を考案中である。

ヌ　味噌倉の整理　二月十二日味噌倉内の竹を農事試験場の練習生に整理させ、其の一部を試験場の果樹園用に供し、筵は之を適当に保管し他日に備える事とした。この倉自体は刈谷車体稲武工場の製品保管庫として之が利用を協議中である。

ル　其の他の整理　前叙の外醸造試験室、酒造人部屋、通称ニイラ部屋の整理を進め、古橋家の建物全体について其の利用の方途を構ずると共に母屋の改造に付いても思いを巡らせている。

⑥　卓四郎兄関係

長兄の遺言により私の三男敬三が本家の相続人となり、親族会議の結果私が其の後見人となり、又財団法人古橋会の理事長を兼ねざるを得なくなったが、私を幼児より訓育され、所謂岡崎事件の解決に当たっては格別お世話になった卓四郎兄の立場をよく考え、長兄亡き後は万事卓四郎兄を立て、私は所謂副長の役を為すべきものと思って来た。然し何分にも卓四郎兄が病弱の為私が先に立たざるを得ず、如何にも次兄を蔑ろにしている様に見え且つ思われ、些か苦慮するところがあった。が之も本家後見人として又財団の理事長として、致し方の無い事とはいえ誠に申し訳無い次第であるが、この際私が茨を切り開き、其の後を卓兄の人徳によって集大成して貰い度いものと念じ、卓兄に対し出来るだけの事をして来たつもりである。

イ　古橋今四郎跡再興の件　卓兄が長兄の生前中分家された真意に付いては私の知るところでは無いが、古橋家の将来を慮り其の持論を実行されたものであろう。従って分家された卓兄の経済的方面を考え、且つ時局柄と病身の故を以て離村され難いものと思い、私は古橋一家の将来を考えて是非この地に永住され、町や稲橋区のことも考慮願い、家兄が古橋家の伝統精神を守られつつ町政を掌理され、暉保会を組織し、四十九戸会を主宰されて来たに於いては、卓兄も其の後を承け町政に区政に又旧戸会に対しても発言権を持たれ、之を啓蒙指導するの任を負うて貰いたいものと切願したのである。其処で私は昭和二十一年二月二十七日以来古橋今四郎の跡再興方を卓兄と懇談し、旧戸会の権利と古橋ぎん名義の家屋敷を始め田畑の分与を受けられるよう力説して漸く決心され、親族会議の手続き及び再興手続きを取られ、古橋今四郎跡を再興されることとなり、昭和二十一年十二月二十四日、卓兄は古橋今四郎一家の霊を其の家に移し祭られることとなったのである。

ロ　居宅の問題　卓兄分家の当初は其の一階に中部配電稲武散宿所が先住していたので、二階に住まわれることとなって如何にも申し訳無く、此の散宿所の移転を中部配電に要請して実現し、名義も卓兄の物として此処に一戸を張られる事となり、私も漸く肩の荷を下した思いであった。

ハ　町長問題　道紀兄逝去後は当然町長問題が起こり、私は卓兄の奮起を促したが病身の故を以て固辞されたので、静かに其の静養状況を見ながら一般町政の推移を監視して来た。が幸いにも昭和二十二年春の選挙には卓兄も町長選挙に立候補して当選されたので、私は町の為にも古橋家の為にも心から祝福したのであった。其の上卓兄の病状も漸次快方に向かいつつあるを見て喜びに耐えず、之で古橋家と稲武町とが一体となり得るものと思い、切に卓兄の自愛自重を祈って已まないものである。

ニ　愛知県林業会長　愛知県は林業会長問題に関して山田久次郎氏を通じて私に引き受けを依頼され、加藤周太郎氏の来稲もあって会談した。私は極力卓兄の奮起を促して宴会も半ばで帰り、山田、加藤両氏が卓兄を口説き落とす様に膳立てしたのである。之でどうやら卓兄を口説き落とす事が出来、此処に卓兄は愛知県林業会長の重責を担う事となったのである。

4　財産税、相続税関係

①　両税の申告

財産税及び相続税に付いては夫々法規の命ずる所に従って相続税に付いては昭和二十一年三月初旬、財産税に付いては昭和二十一年三月十五日夫々之を申告した。

②　財源捻出方法

両税の納入に付いては其の財源を如何にすべきかを考察し、相続税については古橋家に遺贈された預金を以て之に充て、其の不足分は漸次山林を売却して納付する方針を樹て、財産税に関しては其の当初財団法人には課税されないものと思っていたところ、同関係法規の発布を見ると昭和二十年十一月二十日以後に寄付したものに付いては、相続人に於いて財産税を納付しなければならないと規定さ

れており、其の税額も百八十余万円ということが明らかになったので、其の捻出に苦心しなければならなくなった。そこで

イ　信州所在山林売却方法　長野県下伊那郡平岡村、南和田村両村所在山林の売却に思いを練り、既に道紀兄臨終の際私に漏らされた売却金額を斟酌しつつ同山林の売却に関し種々思いを巡らし、昭和二十一年二月二十三日熊谷組毛利氏の来訪を始めとし、四月二十二日の再訪、十二月十七日熊谷敬一氏の来稲、十二月十八日京都在住の鹿野氏来稲、昭和二十二年一月四日福田氏来稲、一月八日岡崎駅前清風軒に於いて鹿野、植田、熊谷、小川諸氏との会談、一月二十一日小島助治氏代人との会談、二月五日小島助治氏の来稲、同野竹氏の来稲で、一度は売却の曙光を見たが不調に終わり、更に二月十日、日新興業株式会社国府田氏の来稲、折山氏との交渉も総て徒労に帰し、此処に財産税財源に関して一頓挫を来たし、私も苦境に陥ったのであった。

ロ　六郎木山林と野入山林の売却　一方町内の六郎木山林の売却に関して十二月十八日鹿野氏と懇談したが結局不調に終わったので、昭和二十二年一月二十七日刈谷車体株式会社の稲武工場に於いて同工場長小川早二氏と会見し、石二百円の見当に見込みを付けて同氏の胸中を探り得たので、三江春二氏を動かして漸次小川氏の希望と私の願望とを調和することを期したのである。幸いにも小川氏は昭和二十一年十二月二十二日野入井之入山林を視察しており、六郎木山林と一括購入せんことを申し出られ、此処に漸く財産税の財源を得るに至ったのであった。

ハ　納入方法　斯くして財源を見出したので、大口は昭和二十二年三月二十八日に金三十万円也、四月二十一日には金百万円也を田口税務署に納入し、小口は夫々預金より納付し、物納を申請したものに付いては債券や国債を以て之に当て、一度は決心した「豊臣秀吉の千成瓢」も結局は物納を見合わせ、後日現金の出来次第納入することとして小川氏より入金の山代金で対応し、所謂「税金では滅びず」と諭された父義真の言葉を如実に体験したのであった。

5　公益事業への配慮

叙上の如く一年有半を古橋家及び財団法人古橋会の為に思いを練り、夫々苦心する処があったが、此の間私的には昭和二十一年十一月二十一日私の不祥事件も満五年で無罪の判決を受け、私の心意気に新たなるものを湧出せしめた。然るに次男英二が昭和二十二年二月二十五日急逝して浮き世の無情を感じ、ともすれば滅入らんとするを思い直して、古橋家及び古橋会の為に全力を傾倒せんことを期し、長女多稼子の縁談不調に重責を感じて更に良縁を求めんとし、次女千嘉子のことも充分考慮しながら、古橋家及び古橋会の為に専心努力せんことを誓いつつ、此処に委託を奉じて一年有半、為し来たった跡を記述して道紀兄の霊前に捧げんとするものである。

①　農業会関係

道紀兄の組織指導された農業会の発展を図ることは私の念願とする処であったが、何分にも古橋家、

古橋会の整理に忙殺されて余り之に立ち入ることが出来なかった。只

イ　自動車入手　農業会の自家用自動車入手に付いては愛知県当局を動かし、昭和二十一年八月中旬農業会は之を入手するに至り、八月十四日には農業会の自動車設置の慰労会に招かれ、其の喜びを分かち合った。

ロ　配給機構の改善　従来の食料配給の状況は徒に町民に時間を浪費させ、生産力を減削させる実況であったので、私は昭和二十一年九月二日配給機構改正に関する具体案を提示し、町当局の了解の下に農業会で配給させることとしたが、この改革は町民の喜ぶ処となり、秋の労務対策に至大の効果があった。

② 土木問題

道路の毀損甚だしく之が整備こそ交通安全上又産業振興上の急務なるを思い

イ　修繕費の増加　早川知事を説き佐々木土木部長の来稲を機として、道路修繕費の増額が図られ道路の補修が促進された。

ロ　県道坂宇場・井山線の改修　昭和二十一年四月二十日井山の植林地を視察して、其処に至る道路の改良促進の必要を痛感し、佐々木土木部長の来稲の際之が促進を進言し、遂に容れられる処となり、道路改修費として金十一万円が投ぜられることとなり、地元区民の協力もあって、昭和二十二年六月には大方其の改修を見るに至ったが、引き続き開通促進について県議会議員田辺秀世氏と懇談

を重ねている。

ハ　土木用自動車の入手　山間部の道路管理には貨物自動車の必要なことは言をまたないが、偶々来稲した県土木部管理課伊藤事務官に懇説し、県土木部の下取り車を山間地の土木出張所に優先配付すべきを進言し、遂に昭和二十二年六月実現を見るに至った。

③　教育問題

敗戦日本の再建には科学教育の振興こそ急務であり、我が郷里は明治維新に際し地方に先駆けて郷学明月清風校を拓いた歴史から見ても、先ず本町の教育に思いを致すことは当然であり、私が帰稲以来教育殊に実践教育に重きを置き、種々意見を述べてきたのも郷党の将来と日本の再建を祈念したからに外ならない。

イ　科学器機の整備　国民学校に於ける科学教育を振興するには、実験方法を活用し児童に楽しみの裡に科学教育を施すことにあるを思い、原田校長を督励して科学器機を整備すべきことを勧め、其の目録を調整させることとし、時至れば其の購入資金を支援して、児童の科学教育に些か貢献したいものと思っている。

ロ　国民学校校舎の位置に関する意見　旧校舎の移転に関し種々議論があったが、私は校庭の活用及び火災予防上移築場所の変更を進言している。

ハ　青年学校々費の捻出　青年学校校舎の構築及び其の内容充実に付いては町財政の実状より見

て、早急には実現困難と思えたので、第一回井山視察の際県農会基本財産林の間伐残材が散乱放置されているのを見、関係者の了解を得て青年学校費に当てることとし、同校教師正木君を説き其の熱誠は遂に生徒を動かして約百石一千本の間伐材を搬出し、之を換価して青年学校の図書費に充当したのである。

ニ　黒板　先生と生徒の努力によって校庭内のぬかるみ道が改善されたので、私は学校に薪炭を送って其の奉仕に報いたが、更に一歩を進め学校前より刈谷車体工場に至る間の通路の補修を、学童のリレイ式小石入れによって為さしめ、其の代償として学校の希望する小黒板を刈谷車体工場から寄付させることとし、道路愛護と備品充実の実を挙げたのであった。

ホ　運動器具と野球用具の整備　戦後学童及び青年の野球熱が盛んとなり、新制中学校では其の用具を希望していたので、私は其の費用は例の井山に於ける間伐材の搬出と井山道の整備作業によって捻出すべきことを提案し、当局者も之に賛同したので刈谷車体の小川工場長を説き、其の間伐材を購入して貰うことに話を付けたのである。

ヘ　産業学校　財団法人古橋会の事業として産業学校を新設し、古橋家の酒蔵、味噌蔵を校舎とし、県立農事試験場と刈谷車体稲武工場を実習場として農林教育の実際化、農林産業加工の実用化を図り度いものと企図している。

ト　国民学校の設備充実　弟富士男の鎌倉の家屋の売却代金が入手したならば、国民学校の科学教育設備の充実と各教室の放送施設を整備し、且つピアノを購入寄贈して弟富士男追憶の一端に供したいものと思っている。

④　浅間神社禊ぎ所の設置

昭和二十一年七月十九日浅間神社夜祭りに列した私は、境内から湧出する鉱泉の貯留槽は一応有るものの、禊ぎ所が無いので不便をして居ることを知って氏子総代等と話し合い、古橋会より木材を出すこととし、氏子諸氏の手によって翌日早々に着手し午後三時には之が完成を見て、此の意気こそ日本再建の礎と其の熱誠に敬意を表したのであった。

6　刈谷車体稲武工場の充実

戦争末期に疎開してきた刈谷車体の稲武工場は、終戦と同時に機械設備を持ち帰ってしまい其の工場は廃墟の態であったので、私は何とか此の工場の活用を図り林産加工場としての技能を発揮させ度いものと願って居た。すると昭和二十一年二月二十日光四郎の案内で刈谷車体の野口貞人氏が来訪されたので、私の意見を述べておいた処二月二十二日同社の重役小川早二氏が来訪され、更に三月十四日には水谷総務部長と共に再度来訪されたので、私は資金の協力を始め人事や経営問題等に付いて懇談し、三月二十三日には小川氏を同道して愛知県庁に早川知事を訪ね、面談の上同社に対する支援を懇請し、三月二十七日には東京で豊田喜一郎氏と会見懇談し、四月十二日には小川氏の第四回の訪問

を受けて ① 稲武興業株式会社の設立、② 資本金三百万円、③ 自動車々体や戦災復興用材の製材、廃材利用に依る木工品の制作、④ 徒弟学校の創立、⑤ 社長始め役員の選定、⑥ 井山の活用、等に関して懇談、刈谷車体稲武工場復活の具体案を協議し、五月四日名古屋御料局に原口亨局長を訪ねて面談し、意思の疎通を図った。斯くして大方の復活計画が進められ、私は小川氏の夢の実現の為に全面的な支援を誓い、小川氏も墳墓を此の地に定めんと迄決心され、此の熱意は会社幹部を動かして着々と工場の整備が進められ、此の間私は小川氏と共に井山の原生林や植林地を視察し、旧戸会と懇談して道路建設資材の提供に付いて意見の一致を見るなど地元と小川氏との連携を図ったのである。

叙上の如く稲武工場は逐次設備を充実し、資材関係に付いては御料局、営林局、地元の支援を得、労力に付いても地元の協力を得て着々と地歩を固め、既に地元には毎月十万円の金が落ちるに至ったので、小川氏は豊田関係会社の特殊性に鑑み、新たに稲武興業株式会社として発足させようと努力しているので、不日其の成果を挙げ得るものと期待している。

（昭、二二、七、二四、記）

二　東海銀行稲橋支店の閉鎖

1　東海銀行稲橋支店と古橋家

農村の人々が高利貸しに蚕食されて苦悩する現況を目の当たりにした父義真は、高利貸退治と農村の金融に思いを致し、明治三十三年十一月資本金十万円を以て株式会社稲橋銀行を設立し、本店を稲橋村、支店を東加茂郡足助町と北設楽郡田口町に置いて堅実な経営を為し、僻地住民の殖産興業に大きく貢献するところがあった。長兄道紀も亦父の遺志を奉じて稲橋銀行の頭取として経営の任に当たり、地方の開発に限りない足跡を残してきたが、銀行合併の政府方針に基づき、昭和二年岡崎銀行と合併することとなった。そこで岡崎、稲橋両銀行の頭取が揃って大蔵省に出頭した処、一部僚に悩まされて私に相談があったので、私は同部僚と懇談して話を付け、両行の合併を促進して六月十八日付けで認可となり、稲橋銀行本店は岡崎銀行稲橋支店となった。

一方愛知、名古屋、伊藤の三銀行が合併して昭和十六年六月九日東海銀行が誕生し、其の後わずか半年にして太平洋戦争に突入し、戦時経済金融政策の展開過程で、岡崎、稲沢、大野の三銀行が東海銀行に吸収合併したのは昭和二十年九月十七日のことであった。斯くして東海銀行稲橋支店となり、稲武町を中心として愛知、岐阜、長野の三県境の金融の衝に当たり、古橋家は之を支援して稲橋銀行設立の目的であった農山村の金融に心を致したのである。

私は終戦直後から古橋家の財政を処理し、財団法人古橋会の経営の任に当たった関係上東海銀行稲橋支店の預金内容を仄聞し、其の内容は必ずしも良好で無いことを知って地方金融の将来を憂え、同支店の預金増加に思いを致し、古橋家及び古橋会の預金も出来るだけ配慮し、苟も同支店の閉鎖問題等が起こらぬよう極力努めたのであった。

2　支店閉鎖の風聞

然るに昭和三十九年夏、私が稲武町に帰郷中東京支店の佐藤君がわざわざ東京市ヶ谷の拙宅を訪れ、稲橋支店閉鎖の方針が決まったようだと話されたとのことで、私は九月早々帰京と同時に東京支店に赴き佐藤君と会い、預金課長も同席の上で其の真相を質した処、之は業界新聞に報ぜられたもので本店からは何の通知も無い由であったが、私は火の無い処に煙は立たずと思う余り、九月四日稲武の茂人に電話をして稲橋支店長に其の真否を糺すよう指示した処、九月八日には茂人から返信があって閉鎖の風評は無いとのことで一先ず安心はしたものの、猶不安があったので茂人にも十分注意するよう指示して置いたのである。

3　支店閉鎖の予報

然るを十月二十六日東海銀行本店の小林取締役と東京支店の坂井業務部長が市ヶ谷の拙宅を訪ねられ、稲橋支店の閉鎖の已むを得ざる事を説明されたので、私は古橋家としては東海銀行稲橋支店は稲橋銀行の延長のつもりで、地方金融の為にとあらゆる支援を惜しまなかったが、政府の方針に基づいて閉鎖を決定した以上今更何も云うべき事も無いが、稲橋支店の敷地及び建物は古橋家にとって大切な物で、稲橋銀行及び岡崎銀行、東海銀行支店の存続を条件として其の自由処理を任せたものであるが、今回のように一方的に支店廃止を決定された以上は、この土地と家屋は古橋家に返却され度いこと及び地方金融に付いては町当局、農業協同組合其の他とよく協議することを要請し、両氏を通じて頭取及び会長に伝えられ度い旨を申し出で、同時に稲武町の茂人に此の会見始末を伝えたのであった。

4　支店閉鎖の決定

斯くて茂人は稲武に於いて十月二十八日町議会全員協議会に諮って対策を練り、翌二十九日足助町で開かれた東海銀行の設営による招宴に臨んで閉鎖の内示を正式に受け、三十一日には町長と町議会の代表で抗議の陳情をしてみたが如何とも為し難く、十一月二日には前田取締役が来訪閉鎖の挨拶を静かに甘受するの已む無きに至り、十一月四日支店閉鎖、加茂信用金庫進出の新聞広告掲載あって、十一月六日に関係者二百有余名が稲橋小学校に招待され種々懇談したのである。

5　支店閉鎖と私の対応

既に十月二十六日小林常務取締役の来訪を受けて廃止を予告され、意のある処を述べて置いたが、十一月七日に至って東京支店長遠藤取締役及び酒井業務部長の来訪により廃止決定の旨が伝えられたので、私は先に小林取締役に開陳した趣旨を繰り返し私の取るべき措置並びに地方民の態度を述べ、両君に其の旨会長及び頭取への伝達方を依頼したのであった。更に十一月十一日帰郷するや、其の夜木栓稲橋支店長、深谷加茂信用金庫支店長の来訪あり、種々懇談し、木栓、深谷両支店長の各本社への出張打ち合わせの結果、十一月十四日には小林取締役、新堂理事長一行が来訪されたので、私は茂人と共に一行を新座敷に迎え、①古橋家と銀行との関係を語り、②先に小林、遠藤両取締役に申し出た点を暗黙の裡に伝え、（前日木栓支店長来訪して茂人に伝えた趣旨を了解したので）③加茂信用金庫と東海銀行の支援関係と人的関係の応援等は口頭のみに留めず、文書化、決済化をして置くこと、④人的関係、役人関係の不安定なことを説き、一旦事ある時は東海銀行の全面的援助を明らかにし地方民心を安定させること、等を懇談して来訪者と将来を図り、古橋家及び財団法人古橋会関係に付いては、先に小林、遠藤両取締役に申し述べて置いた点の処置如何を見て態度を決定することを語り、会談を終えたのであった。

三　郷土博物館の建設

1　廃物電灯笠の活用

昭和二十七年古橋医療研究所の建設工事を始め、同二十八年第一期工事を完成し、照明器具の電灯の笠は自家木製の四十五糎角、高さ十二糎の物を利用したが、蛍光灯の普及に伴い同笠は廃止され、倉庫に堆積して塵だらけになって居るのを目撃し、何とか之を活用する方途はないものかと心を砕き、小学校の夏期休暇中に児童の蒐集した昆虫の標本箱に利用したら如何だろうと思い立ち、早速稲橋小学校を訪れこのことを提唱した処、佐々木校長、前崎教頭両先生の熱意有る賛同を得て廃物利用の途は講ぜられ、諸先生の研究によって其の電灯笠は改造され、暑中休暇中に児童の苦心して蒐集した昆虫は、系統的に分類保存されることとなった。

一方諸先生の真摯な研究と努力によって動物の剥製が漸次調整され、町民有志の寄贈によって其の数を増し、児童の教育資料として重きを為してきた。

2　稲橋小学校九十周年記念事業として

昭和三十七年九月十七日稲橋小学校は創立九十周年式典を挙行することとなったので、何とか意義有る記念物を小学校に遺そうと、大正十三年外遊の時見学した米国シカゴの自然博物館を思い出し、其の校庭に隣接した「忠魂碑建立」跡地に自然博物館を建設し、此処に先生方の手になった郷土の動物の剥製の数々や、児童によって採集された昆虫の標本などを展示して博物の教育に資そうと考えるに至ったのである。そこで茂人の設計によって昭和三十七年春より工事に取りかかり、七月二十五日には基礎工事を完了し、八月五日には上棟式を挙行して九月には完成を見、先生方の努力によって標本類が展示され、十月十日には之を開館するに至ったのである。

3　利用方法

郷土博物館の完成によって児童に対する博物の実物教育に道が開かれ、郷民にも開放して郷土の動植物に対する愛護の念を起こさしめ、稲武町を訪れる人々に対する観光の一助たれとも念じているのである。其の管理は小学校に一任し、管理費として毎年金五千円を支弁することとし、先生方の自由使用に任すこととした。

4　其の後の経過

郷土博物館は其の後学校教育の一環として活用され、先生方は同館の充実に力を致し、目録を作製して一般の利用者にも供している。

（昭、三九、八、一七、記）

四　古橋懐古館の記

三河古橋家の七代源六郎義真翁逝去して既に五十年、今日其の遺徳を敬仰し、追慕の情いよいよ切なるものがある。ここに記念事業として懐古館を建設し、翁が明治維新以来一貫した思想を以て蒐集秘蔵された書画骨董を公示し、以て翁の志を恢弘せんとす。

参観者はよろしく此の趣旨に思いを致され、本館は単なる美術骨董の展示会場にあらざるを認識され、時代の先覚者として将亦勤王報国の志士として、新時代建設の原動力となられた先輩の墨跡を通して其の偉業を敬仰し、新時代に処する者としての覚悟を新たにせらるるならば幸甚である。

昭和三十三年十一月十三日　　義真翁五十年祭に際し

財団法人古橋会　　理事長　川村貞四郎

五　井の淵への執心

1　こども心の憧れ

矢作川の一支流名倉川は、木曽山脈に属する段戸山系と、今尚千古の原生林が繁茂する井山の山清水を集めて渓流となり、行者岩を右手に六郎木の樹林を左手に、河中に巨岩奇石突出して瀑布となり、深淵を造る。先人は此処で本流を堰ぎ、井溝に導入して天領の農地を潤した。依ってこの淵を井の淵と云う。昭和六年此の井堰を大々的に改修し、鉄筋コンクリート造りとして今の堰堤を構築し、余水は巨岩の間を落下して井の淵に注ぐ。此の淵の周辺は昔から杉や檜の針葉樹と楓や桜の紅葉樹に被われ、子供心には魔の淵とも思われたが、又魚取りや水遊びには心を惹かれたものであった。

2　古橋家ゆかりの地

此の井堰の水は古橋家の邸内を貫流し、古橋家の三代義伯翁は二百年前に此の水運を利用し、地方に先駆け水車を設けて酒米搗きを始め、四代義陳翁は井の淵の上流六郎木地内に、新田が一反ばかりあったものを、山林や畑を買い増し、自ら測量して開墾通水の計を立て一町余反を実現した。之は万一子孫で破産するような事があっても、自ら先に開墾した下田の良田二町余反と此の六郎木新田が有れば、百姓として身を立て得るとの遠大な計画を以て此の普請を断行し、六郎木新田には屋敷も築き非常に備えたのであった。

此の新田が六代暉皃、七代義真両翁の時代に至って、暉皃翁が唱導された「百年計画の植樹」の夫食米供与の源となり、両翁の指導によって井山、月ケ平の植林が実践され、八代道紀翁は此の井の淵の激流を利用して発電を企図され、昭和六年には堰堤を近代的に改修する等、古橋家は代々井の淵に関連した事業を継承して来たのである。

3　水陸の公園完備へ

明治三十年暉皃翁の頌徳碑が建立されることとなるや、市川升七翁の構想で大井平公園が造成され、爾来数十年春の桜、秋の紅葉は郷人の行楽の地として賑わったものであるが、太平洋戦争が勃発してからは、公園の手入れも行き届かず茫々たる姿を露呈してきた。昭和二十年暮道紀翁が逝去されるや、私は其の遺命を体して古橋家の整理、財団法人古橋会の設立に奔走する一方、此の古橋家ゆかりの大井平公園や井の淵の整備に付いても思いを練り、暉保会館（昭和二十四年）や祖霊社（昭和二十五年）の建設を始め、児童遊園地（昭和二十四年）を設置し、鶴望保育園（昭和二十六年）を開設するなど、大井平公園の整備を進めると共に、井の淵の風光を利用したホテルの構想も抱いたのである。然し当面の古橋会の事業にあわただしく、井の淵の水の公園に付いては只思いを練るに留まって来たのであった。

4　時代の要求

戦後の経営も着々と進み、復興より躍進の時代を迎え、国民の求めるものも変化してきた。稲武は名古屋、岡崎、豊田、豊橋、浜松、恵那の周辺都市が発展するに伴い、黒田ダムへの行楽者も年々其の数を増している。私は財団法人古橋会の事業の一環として、郷土稲武を啓発し郷民の福利増進に寄与しようと心を砕いて来た。都市の人々を誘致して其の懐を開く方途を講ずべきものと思い、基本財産である山の幸の増殖は申すに及ばず、夏焼温泉の開設（昭和二十二年）、酪農（昭和二十一年）、養鶏（昭和三十三年）事業の開発指導、古橋懐古館（昭和三十三年）、郷土博物館（昭和三十七年）、の創設、古橋医療研究所の開設（昭和二十八年）、農事試験場分場の支援、名古屋大学農学部付属稲武演習林の誘致（昭和二十九年）等々産業、教育、福祉の振興に意を用い、観光開発にも思いを致したのである。

5　私の悲願

斯のように私は時代の要請に応える施設に思いを致したのであるが、一方其の少年時代には落合（現在の中電の堰堤）の水死を目の当たりにしながら、救出出来なかった不甲斐なさが時折思い出され、又昭和三十七年七月三十一日青木が淵で孫（七才）の水泳指導中共に溺れかかった事などから、子供達の為に適当な水泳場を設けて水泳の練習をさせ、私と同じ惨めな思い出を残さないようにし度いものと念じ続けて来た。

6　水の公園

ホテル建設の予定地も茂人の努力によって確保出来た。其処で先ず此処に無料休憩所の「井の淵亭」を建設して自然の風光を賞美する場とし、此の前に水泳場を設けて幼少年の水練に供しようと思い立った。昭和三十八年八月一日井の淵亭の地割りを行い、八月四日に基礎堀り、十二日に型枠、二十二日より二十九日迄にコンクリートを打ち込み、一方十六日より対岸の河床の岩や大石を爆破し、翌三十九年七月此処に大小の河石を積み上げげて、長さ四十米、巾十四米程の河川プールを造成し、井の淵亭より木橋を架設し、七月二十六日には石積みの内部に厚手ビニールを張り巡らして通水を始め、翌二十七日には河川プールの修祓式を行ってプール開きとし、一般の利用に供し、幼少年の喜々として水に遊ぶ姿を見て、悲願の一端達成を喜んだのであった。

次いで八月二日より東北側井の淵の一角を仕切り、非常に際し古橋家伝来の百年の大鯉を疎開させる目的も兼ねて独立した池の工事に掛かり、八月五日には本流と境を為すコンクリートの壁を打ち上げ、引き続きその整備を進めたのであった。

7　水陸公園の夢の実現

斯くて大井平の水陸公園の一端を実現し、将来は井の淵亭を二階、三階となし、付近の樹間にバンガローを建て、プールを五十米深さ一米以上とし、井堤を一米以上嵩上げして上流にボートを浮かべ、六郎木山の一部を利用してユースホステル或いは野外教育センターを建設又は建設せしめ、水の公園の完備を期し、観光稲武の一拠点となし、更に進んで伊良湖一帯の海の公園、佐久間ダム、面の木峠、三国峠を利用した山岳公園、恵那峡、日本ラインを結ぶ清流公園を結合して国立公園と為し、国道の交差する稲武を中心とした観光事業の発展を図り、山の幸を利用し、海の幸を活用して人類の福祉増進に寄与せんものと念願しておる処である。

（昭、三九、八、九、記）

六　紺綬褒章の価値

昭和三十七年三月三十一日附を以て紺綬褒章及び木杯を賜ったことに付いては、祖霊とご尽力頂いた方々に対して心から感謝の誠を捧げるものではあるが、浪々の生活を営む私にとっては何となく心安らかな気持ちになれないものがある。家兄の委託を奉じて以来、一切の名誉を捨てて只管財団法人古橋会の事業に専念する私にとって、こうした栄誉に何の価値があるかを思うとき、どうしても之を胸に下げる気持ちにはなれないのである。むしろ斯うした褒章よりも私が寄付した山林及び樹木を活用して、山形県の林業振興の資となることを念じて来ただけに、県民に対する褒章制度を設け、山形県民の産業の助長と福祉の増進に寄与して貰い度いとの気持ちが強く、ささやかではあるが何か山形県政に貢献するようになることを祈念して已まないものである。此処に其の由来を記述し私が念願した縁由を述べることとする。

1　山上の垂訓

昭和四年私は山形県の内務部長として、初めて恵まれない東北の一県の助長行政を担任することとなり、山林の荒廃による災害の甚大なるを親しく検分して農林行政に意を用い、木炭の県営検査を導入し、炭質の改良を図って薪炭林の乱伐を防ぎ、県営造林を拡充する等の施策を手掛けたが、其の実りを見ることなく青森県に転じ、同県では植樹デーを迎えて同県の林業振興に思いを致したのであった。更に昭和六年十二月山形県知事に任命され、懐かしい山形県に再び赴任するや、恵まれない同県民の福祉増進に専念し、各般に亘って施策を実行したが（「山形県知事の思い出参照」）、此処では特に植林の奨励に付いて述べ、紺綬褒章を授与された基因を明らかにして置き度い。

山形県に知事として赴任以来、県民に植樹思想を喚起せしめようと、毎年五月一日を植樹デーと定め、昭和七年五月一日第一回植樹祭を挙行し、県知事として記念樹を県庁内に植えると共に、県民に植林の必要を告諭する処があったが、私は知事としての役柄だけで済ますことに満足出来ず、私も一県民として県民と共に植樹を為し度いと思い、先ず山上関根に六反八畝五歩の山林を自費で購い、四月二十二日南置賜郡の町村長、山上村青年団を始め村民多数参列の下、所謂「山上の垂訓」の講話を為した後、参列者と共に植樹を実施した。之を「川村山形県知事勧奨林」と命名し、私の此の最上川上流に於ける行動が最上川の清流の如く全県下に流れ、此の思想が普及して全県民を動かし、山形県を災害より救い県民の福祉を増進したいものと念じたのであつた。

2　梵字川、丹生川上流の部分林

犬養総理が五・一五事件で凶刃に倒れ政変が起こるや、私も亦山形県を去らなくてはならなくなったが、私が嘗て内務部長当時赤川耕地整理組合事業に付いて試行した一策により、赤川上流の改修が美果を結んだことに感激していた地元民は、私の退任に際し記念品として金二百円を贈呈されんとした。私は之を受ける理由の無いことを以て辞退したが、強ってとのことに一応は之を受け、此の金を以て赤川上流梵字川に植林を為し、、水源涵養に供すべきものとの考えを地元代表者に述べ、この資金を基に二町歩を植林して六十年の部分林契約を締結することとしたのである。

また丹生川は十数年に亘り政争の具に供され、河の真ん中に畑地が造成されるような状態で災害の都度被害が甚だしかったので、私が内務部長当時之が改修に付いて一応地元民に訴えたことがあったが何の反応も無かった。其処で再び知事として赴任してからは一挙に之を解決しようと、内務省土木局を動かし中小河川改修事業として施工することとして多年の紛争を解決したのである。そんなことで私が知事を退くとき地元民は記念品として金二百円を持参したが、之も赤川地区と同様受ける謂われの無いものなので、地元民を納得させ六十年の部分林契約を締結して二町歩の植林をお願いし、丹生川の災害防止に尽くす処あれと念じたのであった。

3　噂の種

斯うした勧奨林、災害予防林を設けて、私は昭和七年六月山形県を去ったのであるが、其の後勧奨林に付いては前所有者より買い戻しの依頼や山上村学校林としての寄付の申し出等があったが、私は其の設置趣旨に鑑み適当な時期までは私の名義の侭とし、勧奨林の趣旨を徹底することの必要を痛感していたので、私が一儲けする為に勧奨林を温存するのではないかという噂を耳にしながら、其の維持に努めてきたのであった。

4　緑の週間に答えて

斯うして年月は過ぎ戦後荒廃した山林の復興を目指す運動が起こり、緑の週間が設けられ各県とも植林に力を入れ始めたので、私もこれ以上私個人で所有する必要が無くなったことを感じて、昭和三十年これら山林及び立木の一切を山形県に寄付し、県に於いて其の管理運営を為し私の念願するところを貫徹して貰うこととしたのであった（「昭和三十年四月二十七日付山形新聞記事、河北新聞論説」参照）。

山形新聞社々長服部敬雄君を始め日赤山形支部事務局長武田忠三郎氏の斡旋によって、私の微意は県当局に通じ、幾多の手続きを経て快く採納され、私も数十年来の念願を此処に果たしたのであった。

5　褒章受領

其の後武田君等の尽力と県当局の好意によって、昭和三十七年三月三十一日付の紺綬褒章記並びに褒賞及び木杯が、五月四日私に伝達されたのである。私は此の光栄に浴して、父祖伝来の植樹精神が他郷に於いて実ったことを先ず父祖に感謝すると共に、私が今更紺綬褒章を下げて人前に出るの愚を演ずるを恥じて之を奥深くしまい込み、この鴻恩を山形県民に分かつべく此の寄付した山林立木を基として褒章制度が設けられ、県民の植林其の他産業助長の一助となり、山形県を災害より防ぎ、県民の福祉をいよいよ推進する糧たれと念じ、武田君を通じて県当局を動かさんものと心に決しておるのである。

（昭、三九、二、一二、記）

七　献林之記

1　皇室と古橋家との関係

飛騨古橋の祖三八郎清蔭は承久の役に際して王事に勤め、賊軍と戦い美濃の席田に陣没し、其の六世の孫小次郎親清は延元の役脇屋義助に属し、美濃の根尾城に戦死するなど、古橋家には脈々として勤王愛国の血潮が流れて来たのである。特に三河古橋家の六代源六郎暉皃は幕末に当たり三河勤王党の一雄鎮として廣く同志の間に知られ、明治維新に際しては大総督宮に拝謁して時務数ケ条を建言し、亦品川弥二郎翁の斡旋により北白川宮殿下にも拝謁し、其の子義真は明治天皇側近の重臣元田永孚、副島種臣、佐々木高行、西村茂樹、東久世通禧、谷干城等諸先輩の知遇を得て愈々皇室との関係を深からしめ、戊申詔勅の発布に当ってても微力を致したのであった（「古橋源六郎翁伝」二〇九頁参照）。

斯くして暉皃は大正二年勤王の功を賞されて正五位を追贈され、亦暉皃、義真は共に藍綬褒章を授与され、古橋家の伝統精神たる昌徳思想は勤王と相結び、公益事業を愈々拡張発展させ、八代道紀は祖先の遺風を顕揚すべく、其の逝去に臨んで全財産を投じ、財団法人を設立して公益事業を振興すべきを遺言し、関係者の向かうべき道を明らかにしたのである。

2　皇室と私との関係

既に私は幼児より古橋家の伝統的思想と父義真の直接の指導によって王事に勤労するの志を深め、心から明治天皇の御聖徳を敬仰し、乃木将軍の徳風を敬慕したのである。警保局在勤時代には御警衛の重責を負って其の職責遂行に専念しつつも、つぶさに皇室と国民大衆との関係に思いを致し、警視庁衛生部長時代には、皇室の防疫衛生の衝に当って警察衛生係を感奮させ乍ら其の職務を遂行させ、警察病院の設立に当たっては、宮内省より病院敷地の御下賜を得て感泣し、山形県知事時代には、三笠宮殿下御来県に際し地元産の洋梨を献上して、県民の洋梨栽培への意欲を高めたのであった。

3　皇室と財団法人古橋会との関係

私は亡兄道紀の委託を奉じて昭和二十一年財団法人古橋会を創設し、公益事業の振興に只管精進して来たのであるが、其の当初は郷党はおろか近親の理解すら得ること難しく、幾多の苦難を味わって来たが、昭和二十八年山崎延吉先生の懇篤なる御配慮により高松宮殿下御来稲、古橋家御宿泊の栄に浴し、郷民の信頼を漸く獲得するに至ったのであった。斯くして私は嘗ての経験と照らし皇室と地方民衆との関係に思いを致し、国民の福祉増進にはやはり皇室の力にすがる事の肝要なることを痛感したのである。

然し乍ら改定憲法下に於ける皇室経済の緊縮事情を見ては、皇室救恤金の十全は期し難いので、私は父義真の皇室尊栄保持に関する意見書（「古橋源六郎翁伝」一五三頁参照）を提出された往時を思い出し、古橋会が直接救恤するよりは古橋会は其の資金を確保して皇室に献上し、皇室の名に於いて救恤事業が行なわれ其の効果を高めると共に、皇室と国民との関係を益々深からしめ度いものと念願したのである。

4　侍従長との関係

昭和三十八年十一月十二日藤田昌子嬢（古橋源六郎妻宏子の姉）が栗山尚一君と結婚し、その披露宴がホテルオークラで開かれるや、招待を受けた私は偶々媒酌人たる三谷侍従長と久々に懇談するの機会を得、皇室の乏しき救恤費の実情を聴取して、かねて私が懐いていた愚見を開陳し、古橋会の山林を献上し之によって皇室救恤費の一部を造成し、更に此の思想を拡大して全国山林大地主の協賛を得んことの可否を相談したのであった。

侍従長も一応儀礼上此の趣旨に賛同されたのであるが、場所柄これ以上話を進めることも叶わず、私は翌十三日に開催される、愛知県農業協同組合中央会の義真翁慰霊祭に出席のため、夜行で帰郷の途についたのであるが、豊橋駅頭に出迎えた茂人の車に送られながら私の微意を伝えたる処、茂人の全面的賛成を受け献林の方途につき具体的に考究することとなったのである。

帰京後藤田八郎氏（前最高裁判事・宏子父）宅を訪れ、私の考えを述べた処、現憲法下に於いては皇室に献林することの不可能なるを教えられたが、私は現憲法之施行に付いて法律の未完備なるを見定め、時期の到来を待つこととしたのである。茂人は此の私の方針に従い献林予定地を長野県下伊那郡南信濃村大字南和田字水ノ口所在山林通称鎌倉山にトし、昭和三十八年十一月二十七日付を以て献林意見書を提出したのである。即ち同山は面積約二十町歩、一部は五十年生杉檜の造林地なるも大方は肥沃な原生林にして、之を伐採の上造林し撫育管理を為しつつ献林の時機到来を待つこととしたのである。更に茂人はこの山の実地測量を為し施業案を樹立すると共に、昭和三十九年九月五日古橋会の山林部を引き連れて同山の立木調査に出掛け、七日之を日本深山株式会社に売却した。私はこの売上金を積み立て献林の施業資金に充て、やがて時機至れば一挙に初期の目的を達成し、皇室の救恤金を増して皇室と国民との関係を深からしめ、古橋家の勤王思想を振起し、財団法人古橋会の使命を達成せんことを希う次第である。

（昭、三九、一一、一四、記）

八　古橋医療研究所創立十周年記念式に際して

1　序説

昭和二十七年工事に着手し、同二十九年十一月十三日開所式を祝って今年は創立十周年を迎え、一同と共に記念式を挙げるに至った事は同慶の至りである。古橋家代々の遺産を活用し、名古屋大学勝沼総長、日比野、今永両教授、名市大渡辺教授、愛知県衛生部島田事務官の支援、医療関係者の精進、事業関係者の真摯な努力によって漸く其の前途に曙光を認め、大衆の福祉増進に寄与し得たことを思って、先ず第一に祖霊と関係者に感謝の誠を捧げ、更に精進努力して初期の目的達成を祈念して已まないものである。

2　一徹の志

現代社会に於いて物質文明の進歩に伴い、一部には近代文化の恵沢に浴せざるものを生じ、殊に医療方面に於いては一部階級及び山谷に生を営む者は、近代医療を受ける機会を失い、売薬治療にすがって尊い生命を失う者が多い現状は憂慮に耐えない。私は幸いにして父祖の恵みによって社会の荒波にもめげず、社会の一員となって職を警察界に奉じ、大正六年太平警察署長の職責を担い、激務に身を捧げる警察官及び其の家族の保健状態に思いを寄せ、其の職務の能率化を思って警察病院の設置を上司に建議したのであった。が当時の上司の採用するところとならず、十年後再び警視庁の衛生部長となるや宮内省の応援を得て警察病院を設立し、警察官の医療に一転機をもたらし、警察官の保健と能率の向上に寄与すると共に、其の後の公務員医療「教員病院、逓信病院」に先鞭を付けたのであった。

昭和七年山形県知事の重責を汚すや赤十字の募金に関連し、支部長の辞任届けを懐に本社を説破し、全国に先駆けて赤十字保養所を建設し、県内赤十字社々員の保健に寄与すると共に、赤十字募金の便を図ったのであった。

偶々家兄の急逝により、其の遺志に基づき財団法人古橋会の設立を見るに至り、私が其の理事長に就任するや、私は先ず古橋家の財産処理方針を樹立し、財団法人の進むべき途を熟慮し、「稲武の誇り」なる愚考を開陳して郷民の向かうべき道を示したが、其の前途は暗澹たるもので、親族郷党の支援を得ること難く、只独り自己の方針を堅持し実行するの外は無かったのである。保道会館（昭和二十一年）義真会館（昭和二十三年）暉保会館（昭和二十四年）祖霊社（昭和二十五年）古橋会館（昭和二十五年）と建設を進め、翌昭和二十六年には既設暉保会館と児童遊園地を活用して鶴望保育園を開設したのであった。

一方私は郷土の医療施設に思いを致し、茂人の重爆撃機パイロットの腕に期待して、昭和二十三年秋茂人を伴い愛知県庁に出向し、救急自動車の設備に付き要請するも認めるところとならず、偶々大島衛生部長の暗示により、県立総合病院の誘致設立を郷民に訴えたが、之も亦郷党の支援を得るに至らなかった。斯くなった上は、私としても何とかして近代的医療施設を独力で建設し、一面には古橋家代々の蓄積した資金を以て設立した財団法人古橋会の資力を医療施設に注ぎ込み、亡兄道紀の念願した郷民の保健衛生に寄与し、古橋家の伝統精神たる「家は徳に昌える」の家訓を如実に示し、他面には山谷民にも近代的医療の恵沢に浴さしめ、山谷部に於ける医療センターの実を挙げ、郷民に対する報恩の一助にし度いものと念じた次第である。

3　開設当時の苦慮

斯くして私は先ず郷里に欠けた産婦人科を開設し、漸次他の科に及ぼさんとしたが、茂人の切なる希望もあって当初より総合病院の設立に踏み切り、昭和二十七年より酒蔵の改造に取り掛かり、幾多の苦心を重ねて昭和二十九年十月十八日内科の診療を開始し、同十一月十三日古橋医療研究所の開所式を挙行し、外科を加え更に昭和三十年には産婦人科を併設し、眼科、耳鼻咽喉科は必要の都度専門医を招聘して診療に当たらしめ、町立伝染病棟の管理、結核病棟の建設（昭和三十七年）等病院の充実整備を図ったのである。一方辺地に於ける牛乳の配布と酪農振興の寄り処として、病院を開設した昭和二十九年牛乳処理場を建設して翌年より十円牛乳を配布し、乳幼児、虚弱者に対する栄養の補給にも配慮したのであった。

斯くして農山村に於ける医療センターの実を挙げつつ、一面に於いては山村の開業医との関係に苦慮し、他面大衆の医療に付いては啓蒙を為しつつ、僻地医療の万全を期したのであるが、山間僻地に於ける医療機関の基幹要員たる医師、看護婦の充実には幾多の難局に遭遇し、勝沼、今永、渡辺諸先生の支援によって辛くも難局を切り抜け、漸く地方大衆の認識を新たにしつつあるのである。即ち地元稲橋区の芳志に応えては医療林の設定を指導し、近代的医療施設と関係者の科学的施療は周辺町村民の信望を得るに至り「先ず病院の診察」の声を聞き、当初は兎角の評を立てた大衆も帽子を取ってお礼を述べるに至ったので、私も既に建設費に数千万円を投じ、経常費に二千数百万円を注ぎ込み、未だ毎年多額の資金を財団法人古橋会より補給せざるを得ない現状ではあるが、幾多の人命を助け辺地住民に安堵感を与え、郷党を始め周辺の人々の福祉の増進に寄与し得たと自らを慰め、祖霊に対しても憚ることなく報告し得ることは幸いである。

4　将来の問題

斯くの如く古橋医療研究所は山間僻地に於ける医療のセンターとして其の設立の目的を一応達成しつつあるも、日新月歩の医療設備及び人的医療機関の充実には更に幾多の試練に晒されることを覚悟し、之に応ずるの対策を考究すると共に、開設当初声明した医療センターとして亦医療研究所としての使命達成に思いを致し、僻地山村の医療の充実整備を図り、古橋家の伝統精神を発揚せんとするものである。幸いに近時当地方も愛知の軽井沢として注目を浴び、近く名古屋市の中学生を対象とする野外教育センターも大字稲橋の井山に建設されんとし、又トヨタ自動車工業系縫製工場も進出するに至り総合病院存在の意義は愈々高く、私共としては一層奮起し総合病院の真価発揚に万全の方途を講じ、更に一歩進んで「医は仁術」の諺「家は徳に昌え」の家訓を如実に示す為に、患者の自己負担金減免の理想に向かって努力精進し、大衆の福祉増進に寄与せんとするものである。

昭和三十九年十一月十三日　　財団法人古橋会　理事長　川村貞四郎

九　古橋医療研究所の休止に当たって

昭和二十年八月、終戦の大詔あって戦後の混乱期を迎え、人心の帰趨も未だ定まらなかった折り、家兄道紀の遺命を奉じて財団法人古橋会を設立し、公益事業の振起に意を用い、着々その事業の推進に努力したのであった。別けても郷民を近代医学の恵沢に浴させたいものと切願し、先ず救急自動車の設置を企図したが、愛知県大島衛生部長の示唆によって県立総合病院の設置に思いを致し、之が誘致の為の期成同盟会の趣意書を作成し、一般に配布して啓蒙に努めた。しかし、郷土民の総意を結集させるに至らなかった。

偶々財団の報恩事業も一段落を告げたので、旧古橋家の酒蔵を始め穀倉等の建物を活用し、医療研究所を創設して医学の研究と診療を兼ね、僻地医療の近代化を図り、恵まれない郷民をして近代文明の恵沢に浴させたいものと痛感し、総合病院の設立に意を決したのであった。幸い勝沼名古屋大学総長の尽力によって医師の確保に解決を見、之に応えるに名大農学部付属稲武演習林の創設に協力し、山幸の祖沢により医療施設設備の充実を期し得て、昭和二十九年十月一日設立の許可を受け、同年十一月十三日開所式を祝い、日本のメイヨークリニックを夢見つつ鋭意努力し営々苦心し、研究面には医学博士二人を誕生させて其の実を挙げ、診療面には当然落命する重症患者の幾多を救い、其の他僻地民の医療に大きく貢献したのであった。

が然し勝沼総長の逝去後は名大から人的支援を受けること難く、医師の補充も意に任せず、名古屋市野外教育センターの誘致に関連して、名市大の支援に意を用いたが、医師の欠員を補充するに至らぬ内に、院長から辞任の申し出に接したので、昭和四十一年四月十一日出名し、名古屋市に教育長、総務局長を訪ね、名市大学長、同病院長と意見を交わし、愛知県庁衛生部と懇談し、柴田孔三、古橋茂人両理事と協議の上、名市大高原研究所実現まで研究所の休止を決意し、十三日院長の辞任を認め、十四日研究所職員に休止を発表し、四月二十日を以て診療を中止し、三十日付を以て休止することとし、休止に伴う一切の善後処置を講ずることとしたのである。

思えば設立当初は理想主義を旗印とし、名称も敢えて医療研究所とし、近代医学の研究と良心的治療を目指し、父祖の営々苦心して育成された立木三万石を投じ、施設の面に於いては一応近代医療の名に恥じない内容を整備し得たが、如何せん運営するに其の人を得ず、遂に休止の已むなきに至ったことは遺憾千万ではあるが

① 交通運輸の不備であった時代に、恵まれぬ僻地に於けるセンター病院として地方民に近代医療の恵沢に浴さしめ

② 尊き人命を幾多救い

③ 地方民に大きな安心感を与え

④ 名古屋市野外教育センター誘致の一助となり

⑤ 名古屋市立大学高原研究所の誘致に一歩を進め

更には近時急速に交通機関及び道路が発達整備し、救急の方途に曙光を見るに至った事は、せめても私の慰めであり、父祖の墓前に額ずいて悔いるところ無く休止の報告を為し得たのである。

(昭、四一、四、一四、記)

十　株式売買への発展

1　序説

株式売買は賭博行為だと見なされた時代に、古橋家に生まれた私としてはこの事が長く念頭を離れず、之を手掛けることは罪悪のように思われ、学生時代は勿論役人に為ってからも慎むべき事と思っていた。夫れが今日では公々然と株式を売買し、人前で何の憚ることなく之を論じ、且つ人に勧める迄になったのは一体如何したことか、其の経緯を述べてみ度い。

2　貯蓄時代

警視庁衛生部長時代（昭和元年）同窓の友人井上健彦君の後を引き受けて中央大学専門部で行政法を講義することとなった。週二回の講義で講師料が手に入るので月給以外の財源として浪費し易い。此の其処で同窓の高橋方雄君に此の講師料を管理して貰うこととし、住友銀行新橋支店に預金した。此の預金がある程度貯まったとき、偶々北樺太石油株式会社が設立され、この株式が公募されるのを機会に高橋君から株式に投資することを勧められ、此処に初めて株券を手にする事となったのである。

3　貸与の失敗

斯くして講師料は株式に転換され、毎期配当を得て生活を補って来たが、昭和七年官界を退き四谷信濃町の浪宅で細々と生活して居たとき、突然Y君が訪ねて来て「弟がお世話になって警視にまでして頂いたのだから、私も何とかお世話を願い度い」との申し出であった。浴衣姿の同君が妻女に子供を背負わせて、一面識も無い私に態々救済を求められたからには、窮鳥の譬えを思って同君の事情を聞かざるを得ず「広島県の呉市でデパートを経営して大きくなったが、失敗してしまったので妻子を連れて上京して来たものの、頼る当てもないので弟の縁を頼ってお願いに伺った」とのことであった。私も亦浪々の身で休職給月百円を貰い、家賃八十円の借家に住み、多数の嘗ての部下の面倒を見つつある時であったから、Y君を金銭的に救済することは不可能であった。其処で私は「金は無いが知恵ならばお貸ししましょう」と云うと、Y君は現在の窮状は金で解決する外は無いと応えられ、差し当たり株式の売買で生計を立て妻子を養い度いと縷々述べられたので、私は「金は無いが、株式なら有る」と言って例の北樺太石油の株式を同君に貸与したのであった。Y君は之を持って兜町に赴き「新東」の信用取引を始め、私の処には株式預かり証を持参し、其の後も時々其の模様を報告に来たが、私は株式の売買に付いては研究もしていなかったので、株式預かり証さえあれば必要なときは何時でも株式を取り返し、之を金銭に換えうるものと思っていたが、之が私の迂闊な点であった。

一方Y君は一年有半株式売買で其の生活を維持し、相当な暮らしを為し、私も株式の配当金が順調に入って来たので、Y君救済は一応成功したものと思っていた。丁度其の頃私も家兄の好意で永年望んでいた宅地を手に入れることが出来たので、牛込区市ヶ谷田町三丁目二十五番地に家屋を新築することに決心し、Y君に貸与した北樺太石油の株式を売却し其の代金で新築しようとY君に其の返済方を促した処、Y君は言を左右にして仲々株式を持って来ないのみならず、遂にはKなる株式外交員を連れて来てKの云うが侭に株式に投資して失敗し（昭和九年）、預かった株式は証券会社に取られてしまったので、自殺を以てお詫びをし度いとのことであった。私も驚き且つ当惑したが、金の為にY君を自殺させることに忍びず、更に日独戦争の賞与に頂いた国債を同君に貸与し、もう一度株式売買を為し失敗を取り返すよう励ましたのであった。然し之もY君の失敗に終わり国債は取られてしまい、Y君は置き手紙を残して何処へともなく消え去ってしまったのであった。

その後Y君は広島に帰って僧侶となり、孤児の世話をしていたが、片山内閣のとき参議院議員となり、厚生委員長に就任したとのことで、私は彼の弟を通じて同君と会い昔話に花が咲き、同君の前途を祝福したことがある。

4　資金運用より株式配当へ

Y君の失敗に懲りてからは友人の賀屋興宣君に相談し、其の勧めによって大阪朝日新聞社株式記者の著書を熟読し、自ら株式の売買によって生活費の一端を補わんとしたが、既に資金は枯渇していて為す術も無かったのみならず、新築家屋の資金捻出にも並々ならぬ苦労をしたので、株式に手を出す機会を失っていた。偶々東洋インキ製造株式会社々長に就任（昭和十三年）してからは、多少資金にも余裕を生じたので、再び株式を購入し家計の補いをしたのであった。

5　源六郎学資金の運用

昭和二十年暮、家兄が逝去され、私が古橋家の家政を一任されてからは、財団法人古橋会を組織する一方、古橋家の財産税、相続税に付いて適切な処置を取り、一部山代金の残額九十有余万円を持ち帰り、之を源六郎の学資金に充当しようとしたのである。即ち之を運用して元金には手を付けず、其の果実を以て源六郎を育成しようと、此の金を児玉工業其の他に貸与して相当の果実を得たのであったが、其の反面他に多額の資金を借り倒され元金にも影響しようとしたので、貸し金の返済督促に力を入れるよりも、この際此の元金を挙げて多少研究を続けてきた株式の売買に力を致そうと決心し、銀座の菱三証券で株式の売買を始め漸次株数を増し、元金の充実に意を用い、源六郎が中学、高校、大学を終えて社会人となった今日、嘗ての元金は其の数倍にも達し、源六郎の将来の資金に供することが出来るようになったのである。

6　財団法人古橋会の資金運用

斯うして古橋家の資金運用に効を奏した上は、財団の資金に付いても株式による運用によって増強し、財団の事業達成を期したのであった。即ち財団法人古橋会は、昭和二十一年三月に設立された当初に於いては、財団所有の山林立木を売却し、その資金で財団の事業を執行し、先ず郷民を潤し道紀翁を始め古橋家の伝統精神発揚に心掛けたのであるが、既に多くの立木を処分し相当の成果を挙げた以上は、財団の将来の計を立て、立木処分のみに依ることなく、一定の恒久資金を獲得するの必要を感じ、先ず八名郡乗本山の立木処分代金「金五百五十万円」を以て株式を取得し、伊勢湾台風の風損木代金「金一千万円」田津原山立木代金「金一千八百三十余万円」を漸次株式及び公社債の取得に充当し、之等の株式及び公社債の配当金を以て将来財団の経常費に当て、立木代は新規事業に充当することとして山林管理の万全を期し、財団事業の進展を図り、財団の運営資金に付いて後顧の憂い無からしめんことを念願して居るものである。

7　結び

株式売買の賭博性を恐れた時代より運用に進み、之を活用して事業の発展を期さんと決心するに至り、更には周囲の者に対しても貯蓄の為に株式取得を勧めるに至ったが、現在の私自身としては之によって自己の為、自己の快楽の為に株式の売買をするのではなく、古橋家及び古橋会の経営、殊に公共の福祉増進の為に安定した資金を獲得しようと敢えて株式を売買し、苟も投機に陥ることなく、日本の重要産業支援の心意気を以て、勇往邁進せんことを心に期して居るものである。

（昭、三九、二、五、記）

十一　藍綬褒章受章の記

1　受章に至るまで

昭和四十三年十一月十六日付を以て藍綬褒章「第九八五二号」が授与された。既に前日付の夕刊には、社会教育に対する功績の故を以て褒章の授与される由が報道され、私は其の責任の重且つ大なるを感じたのである。

既に昭和四十二年十一月以来、柴田孔三が茂人に対し、私の之までの財団法人古橋会を通して社会に貢献した功績に対し、藍綬褒章の申請をすることを相談したことを聞いて、私は勲章を頂戴する気持ちは全く無いし、国家に対して何の勲功も無いのに徒に恩典に浴することは面目なく、絶対夫れは拒否し万一叙勲の栄に浴するような事があっても、直ちに辞退することを言明したのであった。私としてはあれ程郷土の為に尽くした亡兄道紀に何ら褒章の恩典が無かったことを誠に申し訳なく思い、亡兄の遺言によって設立した財団法人古橋会の事業を通じて、一意専心亡兄の遺志、公益精神の顕現発揚に努力精進して来たからには、亡兄道紀に対して褒章の追章あらんことを念じ、孔三、茂人は私の意を体して幾度か協議し研究を重ねたが、今日の制度では追章の見込み無いとの結論に達し、柴田孔三は稲武町に山田久次郎町長を訪ねて懇談の結果、後継者たる私に対する藍綬褒章の申請に決し、町長は昭和四十三年六月功績調書を作成、加藤泰守君にも諮り、県内には在住しないが県内に於いて公益事業を施行するに於いては差し支え無い事を確かめ、県当局を動かして私に対する褒章授与方を進めたのであった。後に判明したところに依れば、県庁人事課の小林係長、東京出張所の福岡君を煩わし、加藤泰守君の支援を得てこの運動は進められた模様であった。偶々私共の金婚式の祝宴が椿山荘で開かれ、之を主催した柴田孔三から其の席で、藍綬褒章の授与が決まったら、大人しく之を受けるようにと勧めがあった。

2　受章の覚悟

昭和四十三年十一月十五日の夕刊に受章の速報が掲載されたとき、私は第一に少年時代の不行跡、青年時代の刃傷事件、実業界に於ける不祥事件等々、私の操行は受章に値しないものであると考え、第二に万一私の業績を基礎とする受章であれば、之は一に古橋家父祖の恵沢と、亡兄道紀の勇断可決、財産寄付による財団法人古橋会設立によるもので、私は只々亡兄の遺志を奉じ、古橋家の伝統精神を発揚するに微力を致したに過ぎず、第三には井上先生始め先覚者、先輩のご指導と関係者の協力支援の賜であり、私が独占すべきものでは無いと思い、恩賞は辞退するのが適当だと思ったのである。

が然し柴田孔三や茂人等の強い勧説もあって、亡兄道紀に代わり亦多くの協力者に代って之を受けるに於いては、古橋家の三代に亘る受章となり、此の栄誉は父祖にも亡兄にも報いる所以であると思い直し、此処に心を新たにして愈々古橋家の伝統精神の発揚に努力精進し、今日の栄誉を辱めないことは申すに及ばず、尚一層老骨に鞭打ち社会事業殊に産業教育の振興に思いを致さんことを決意し、此の恩賞に預かることに決心したのである。

3　授章の日

昭和四十三年十一月二十日、国立教育会館に於いて文部大臣より伝達式を挙行する旨の通知を受け、当日午前十時四十分同会館に美和子を同伴して出向し、午前十一時よりの挙式に列席し、一同を代表して御礼の挨拶と覚悟を述べ、大臣の祝宴に列し、午後一時半より皇居に於いて、天皇皇后両陛下に拝謁し新宮殿等宮城内を拝観した。一方各方面より祝辞祝電を受け、私は一層自重自戒し今日の栄誉を空しうしないことを誓った次第である。

4　稲武町祝賀会

稲武町に於いては山田町長が町議会、区長会に諮り祝賀会を催す事となり、私に承認を求められたので、私も有難くお受けすることにして帰郷した。昭和四十四年一月五日稲武町役場議場に於いて開催されたが、生憎私は風邪をひき腎盂炎に罹って臥床の已む無きに至ったので、残念ながらこの会に出席することが出来ず、茂人が代理人として出席し私の謝辞を代読して、山田町長以下出席者の芳情に応えたのであった。

①　町長式辞

②　授賞経過報告

③　記念品贈呈

④　祝辞

町議会副議長（茂人が議長のため）

町教育委員会委員長

⑤　御礼のことば（私の書いた謝辞を茂人が代読）

酷寒の候亦新しい年の仕事始めの時機とて何かとご多用の中を、本日は私の為に町を挙げての盛大なる祝賀の会を御催し下され、ご懇篤なるご祝辞、温かい御激励の数々を賜り、ご芳情只々有難く衷心感謝を申し上げる次第であります。もとより私個人としては受章の功績も資格も無く只管恐縮致しておりますが、古橋家父祖の遺業を集大成し其の全財産を出捐《えん》財団法人古橋会を創設し、今日の基を拓いた亡兄道紀に代わり有難く此の光栄に浴したのであります。

昨年山田町長が関係方面に奔走され、私の為に受章の方途を講ぜられつつあるを仄聞し、私は何等国家に対して功績の無いまま叙勲に付いては固く御辞退申し上げる決意でありました処、関係者の慰留と叙勲に非ずして藍綬褒章の下賜で、之は私個人ではなく財団法人古橋会の理事長としてと云うことでありましたので、敢えて其の御厚意に甘えることに致したのであります。

御承知の通り亡兄道紀は祖父、乃父の華々しさは無く、家庭的にも恵まれませんでしたが、其の生涯を地方自治に捧げつつ、一方父祖の遺業を整理発揚し、財政的にも今日の財団法人の基礎を確立されたのであります。昭和二十年終戦の秋、道紀は口中に異常を訴え、十二月に入り大量の出血を見るに至り、私は電報を以て招集され古橋家の将来について懇談し、命ぜられる儘に私が起草した古橋家の財産処理案を遺言とし、二十九日逝去したのであります。

此処に私は自己の一切を捧げて長兄の遺志を奉じ、財団法人古橋会の事業に余生を捧げ亡兄の付託の大任に応えんことを決意したのであります。其の後、営々として早や二十余年、その事業の概要に付いては大方のご承知の通りでありますが、其の意とするところは必ずしも理解されず、思わぬ反撃や指弾を受け、或いは一部中止の已むなきに至った事業もありますが、何れも愛郷の至情より発したものでありまして、今日省みて其の意図したところに些かの誤りも無かったものと自負しつつ、更に郷土開発の為に愈々開拓魂を発揮して鋭意献身の覚悟を新たに致して居るものであります。

以上、私は亡兄道紀の委託を奉ずるに汲々として、此の度の栄誉も道紀の化身として受章した心境の一端を申し上げましたが、私の名に於いて下賜されたことも事実であり、この上は愈々自粛自戒、更に老骨に鞭打ちつつ財団法人古橋会の事業を通じて、国家社会、亦郷土の為に献身し、無私愛世の悲願を成就し、以て亡兄道紀の付託に応えんことを祈念して已みません。此処に皆様方の一層のご支援ご鞭撻を懇願申し上げる次第であります。

今日の限りない御高配に対し衷心感謝を捧げますと共に、些か老いの一徹とも申すべき決意の一端を披瀝し、向後の御厚情をお願い申し上げお礼の言葉と致します。

昭和四十四年一月五日　　　　川村　貞四郎

十二　闘魂と開拓精神

八十才になんなんとするのとき「我が半生」を発表し、其の「半生の裏街道」の原稿を完成し、昭和四十三年十一月十六日には亡兄道紀に代わって藍綬褒章を受け、古橋家三代連続の栄誉を得たが、此処に過去を顧み、何が私を之まで奮闘させたかを反省して見るとき、幼児よりの闘魂と開拓精神に燃えて来たことを思い出さざるを得ないのであって、私の半生は此の精神に揺さぶられて今日までの生を得たものと思うのである。今や私は此の精神を基として無私愛世、事業に追われず事業を追って自為垂範の道を尽くし、実践的努力を重ね、蓋棺主義に徹し、後半生を送りたいと思うのである。以下幼児より今日までの闘魂と開拓心を記述し、世の批判を仰ぎ更に自修自省の資に供したいと思うものである。

1　幼少年時代のきかん気

所謂父の四十二才の二才児として生まれ、母は産後の肥立ちが悪かった為に生家より一里山奥の、小学校の分校長の宅に捨て子として拾われ、乳母一家の慈愛に満ちた養育にすくすくと育まれたのであるが、今も里人の語り草に「きかん坊」の綽名をつけられた程であつた。数え年四才のとき生家に帰ったものの既に弟妹二人は生まれ、生母の温かい懐に抱かれており、私は店の小僧と一緒に寝起きさせられ、生母よりは兎角疎外され勝ちで乳母を恋しく思うのみであった。山谷の里家で生魚を食べることの出来なかった私は、生家に帰っても生魚が嫌いで山谷ものと軽蔑され、其の上、手にイボが出来て家人より嫌われ、頭には腫れ物がいっぱいに広がり、其の痕跡は蛍の如く、口は大きく鰐口と悪口を言われ、何れから見ても取り柄のない悪童であったので、家人は勿論郷人からも好ましからざる人物と目されたのであった。加えて数え年六才の時には祖母の兄が養子となった川村家が絶家となったので、其の再興の為め生家古橋の姓より川村姓に変えられ、兄弟姉妹九人の内ただ一人異姓を名乗らされ、如何にも他人の如く取り扱われたように感ぜられ、孤独の裡にも密かに憤慨心を燃やしたのであった。殊に衣類は兄達のお下がりで、下駄は竹の皮の緒で我慢しなければならず、弟達が新しい物、皮の緒下駄を履くのを見ては、其の差別扱いを面白く思わなくなって私の行動は愈々粗暴となり、家に居るよりも山野で暴れ回りガキ大将振りを発揮し、他部落の大将の金玉をねじ上げ、部落の威容を誇り、兵隊遊び、消防演習等の悪戯を敢えてするようになって、素行は不良の刻印を押され、兄弟姉妹は何れも当時の郡長より操行善良、学力優等の故を以て賞与を受けたにも拘わらず、私独りは常に学力は優等なるも操行不良のため此の受章の恩典に浴せず、切歯扼腕何時かはこの汚名を雪ぎたいものと念じていたので、幼い心の闘魂はこの時既に芽生えていたのであった。

2　学生時代の闘争心

愛知県の北海道とも称された稲橋村に生まれ、山谷の三里四方より離れたことの無かった私が、初めて県立第二中学校岡崎中学校の入学試験を受け、平野地方の者と接触したのは明治三十六年であった。日露戦争前の当時には、富国強兵、臥薪嘗胆の気風があって、学校でも質実剛健の美名の下に蛮風が風靡していた。私は田舎者として此の間に伍し只管勉強に励み、平野部の人間に負けないように努力したもので、幸いに二年生頃には成績も優秀となり、当時の中学校長稲垣先生の推薦によって庭球部の選手にもなり、全校挙げての学芸大会には、地理学で全校一の名誉を担い、スマイルの自叙伝の褒章にも預かった程であるが、当時庭球部は、野球部、柔道部に対抗して一勢力を為したものの、庭球部の大将太刀川の卒業と同時に他の部に圧迫され、他部の気息を伺いつつ戦々恐々の状態を呈していた。私は之を飽きたらずに思い、嘗ての勢力挽回に意を用いたが、大勢は柔道部、野球部及び竜虎団と称する一派に押され、庭球部員は只太刀川当時を追憶して歯ぎしりするのみであった。加えて当時の岡崎中学校に於いては稚児関係が複雑を極め、之が為に各部、各所に悶着が起こり、寄宿舎内に於ける秩序は紊乱し、稚児は不安な日々であった。

遂に私の義侠心は憤然として湧き立ち、庭球部の勢力回復と、野球部、柔道部、竜虎団の暴力に抗して弱者を救わんものと決意し、四年生の春休みには関西旅行の帰途、奈良で正倉院型の匕首を購入し、暴力に抗するには暴力で応えようとしたのであった。七月の試験中に、野球部員と之に同調する者が、深夜稚児探しに私の部屋を訪れたとき、稚児救援の為に彼らと匕首を以て渡り合い、之を撃退したのであったが、此の刃傷事件は大問題となり、私の父は総ての公職を辞退し、私は郷里に引き込んだのであった。其の理非は識者の判断にお任せすることとし、私に一理あることが認められ、何等の処分も受ける事は無かったが、私の心は既に東都遊学の初志を貫徹しようと、次兄の斡旋により杉浦重剛先生のご意見に従って日本中学校に転校し、神田神保町の時習塾と云って、不良学生を収容監督する塾に、神田錦町署の署長を保証人として入塾させられたのであった。思えば岡崎中学校は、私の希望の学校ではなく、其の地方的退嬰気分は私の気に入る所ではなく、蛮風吹きすさぶ同校に見切りを付けたのは、私にとって何よりの事ではあったが、父母を悩ませ、学校に汚点を印したことは誠に申訳ない次第である。之も私の若気の至りで、其の闘魂が一時爆発した結果とも云うべきである。

神田時習塾では初めは猫をかぶり、日本中学校でも勤勉な学生として勉学に励んだが、時の経つにつれて私の闘魂は其の片鱗を表し、時習塾では不良組の参謀となり、中学校でも不良組と交わって重きを為すに至ったのである。只其の反面勉学には励んだので不良組の先生格ともなり、第一高等学校の入試にも合格し、塾でも日本中学校でも唯一人の一高入学者としての栄誉を獲得したのであった。

一高生活は、全国の優秀な学生の集合地だけに、私は只管中学校時代の無謀な態度をひた隠しにして勉強したものの、全国の優秀な秀才には及ばないことの多く、幾多の挿話を残し、共同翻訳も中途より脱退し、我が身の修行に思いを練り、所謂一高生活を送って東大に入学したのであった。

東大独法科に入学してからは、一年平均点五点を増して卒業時には銀時計獲得を期し、時間正しく勉強し、図書館通いに毎日を過ごし、四年生の時には特待生となり授業料免除となって郷里の母にこの朗報を伝え、郡長賞を受け得なかった私が東大では名誉ある特待生と為ったことで、漸く母の心を安んじたのであった。文官高等試験にも在学中に合格し、東大を大正四年に卒業して内務省採用となり、警視庁に奉職することとなったのである。

天下の不良悪童も此処に至って初めて父母を安心させ、古橋姓を奪われて川村姓となり、何糞の気概を以て学生々活を送り、其の終わりに花を添え得たことは、私にとって些か満足感を覚えるものであった。唯大学在学中上村の叔母の遺言によって、叔母を看護した看護婦を見守るの責任を負い、青年の熱情に浮かされ乍らも、自らの欲望を克服して無我の愛に徹することが出来、青年の狂瀾期を乗り越え得たことは自己に対する闘魂精神によるものと思い、自ら慰めて居るものである。

3　第一期警視庁時代の改革意気

五十数年前の大正四年、私は警視庁警部の辞令を受け、伊沢総監より「人を当てにせず、神を当てにして勤務せよ」との訓辞を受けたものである。当時の警視庁は日比谷の一角を占拠し、赤煉瓦造りの堂々たるもので、今の有楽町駅との間には馬場あり、遺失物倉庫あり、東隣には帝国劇場があって、警視庁との間の道路は三途の流れとも称されたものであった。

警務部警務課の一席を与えられ、見習警部として老練な警部の指示に従い宿直をし、馬乗りを稽古し、巡査の退職金の整理に任じ、馬乗りも上達すれば勅使のお供をする等、所謂大学出の資格者は飾り物扱いを受けたようなものであり、老練な警察官が従来の仕来りに従って警察力を行使し、資格者は見習い程度に使われたに過ぎなかった。

①　遺失物の整理

警務部警務課から刑事課庶務係に転勤させられたときには、係の沈滞した空気にうんざりしたが、同課の主管する遺失物、遺留品の整理は、八重洲橋警視庁時代の侭で放置され、遺留品の利用も不十分であった。そこで之こそ私が手を付け、整理して関係者の便を計り、遺留品を活用して犯罪捜査に役立てようと、老係員を指揮し一年余りを掛けて在庫品を整理し、会計検査院の検査にも合格した。更に遺失物の貴重品箱を自費を以て作製し、時計等の遺失物検出に便ならしめ、遺失物統計を新たに作製して遺失物処理の重要性を庁内はもとより一般にも知らしめ、遺失物取り扱い要領を制定した。この事が川崎警務部長の認める処となり「之で私も安心した」との言葉を頂いて、一年少警部として喜びに耐えないところであった。兎角有資格者の顧みない雑務を塵にまみれて処理し、将来の方途を樹立したことは、私の闘魂と開拓精神の発露の一端とも思うのである。

② 警視庁改正私案発表

遺失物整理の功を認められ、官房審査係長に栄転するや遠慮無く各部の提出案件を審査し、西久保総監から審査係長の認印あるものは安心して盲目判を押すことが出来ると云われて、私の責任の重且つ大なるを痛感したのであった。が此の地位にあって警視庁全体の状況を見るに至り、私は従来の警視庁のやり方に不満を抱き始め、警視庁改正私案を取り纏めて川崎警務部長に提出し、警視庁改革の一助に供せんとしたのである。此の私案は五十数年後の今日に於いても間違い無いものと自負するものであり、時代の進展に伴い改正すれば、今に尚之を妙用し得るものと思うものであって、従来の警視庁に対する若き私の開拓精神とも云うべきものである。

③　留置場の改善

審査係長として約一年、其の実績を認められ属兼警視として初めて高等官待遇を受け、大正六年一月鑑識課長心得となったので、先ず過去の鑑識事務を考究し現在の実情を把握洞察して将来の執務方法を樹立し、改善すべきものは速やかに改善し、指名索引カード箱の新調を初めとして捜査係との連携を密にし、現場指紋に力を致し、賭博犯人の指紋対象を創設して現場写真の研究に意を用い、警察犬の指導に苦心し、警察犬誌を作製して教養の資に供し、指名索引カードに指紋押印を敢行し、人権擁護の声喧しかった当時留置場の改善に力を致し、先ず留置場の法的性質と取締方法を研究し、其の清潔方法より手を染め、食器その他用具の運搬機買い入れ、取り調べ所の改良等物的改善から始め、留置場使用莫蓙の毎日交換、マッチや煙草の隠匿防止、更には、訓育場としての留置場の価値に思いを致し、正座の意義、畜類と人間との区別、子孫への思いやり、悔悟の真味等の絵草紙を作製して感化の方途を講じ、且つ情に訴えた取り調べや捜査を試みたのである。幸い之等の労が報いられて内外より期待され、留置人からも涙ながらに秘密を打ち明けられ、若い私にとつては得難い体験であった。

④　太平署長時代の改革

大正六年数え年二十八才の独身の身を以て、九月一日専任警視となり、本所太平警察署長に任命された。当時は所謂老練の者は大警察署の署長に任ぜられ、資格者である青年警視は三等警察署の署長に任ぜられるのが慣例であった。私の任地太平署は配所の綽名ある東京市の東北部の工場地帯に在って、初任警視が署長に任命される所であった。私は此の配所の綽名ある警察署を、天下の名警察署たらしめんとの闘志を沸き立たせ、先ず管内を縦横に視察した後、署員が此の警察署に在勤することを誇りとするようにし度いものと思い、先ず毎朝の定期訓辞には、人間として、日本人として、日本の警察官としての責任を自覚せしめることに意を用い、管内住民の意向を察知することに思いを致して管内の戸口調査を厳密に行い、住民との接触を密にして刑事警察上の便を図り、管内を詳細に調査して如何なる小径と云えども漏らさない管内地図を作製し、行政警察執行上、亦刑事警察執行上の便に供し、管内の営業その他に関するあらゆる調査を為したのであった。斯うした署員の訓練と調査を終えてから

イ　管内の賭博検挙に思いを練り、其の当時に於いては初めての自動車、護送車を利用し、関東一の親分を検挙して管内の賭博を一掃し、

ロ　細民警察を全国に先駆けて創設し、専任警察官を之に当て、薄幸な細民の犯罪防止を初め衛生と生活保護に意を用い、日新洗布株式会社の廃湯を集め湯槽を贈って細民の保健用とし、当時「天恵の湯」として細民を喜ばせ

ハ　交通整理に関しては徹底した取り締まりを為し、公共用地の不当使用を禁止し、交通の妨害になるものを除去させたので一時は住民の反感を買ったが、之を押し通して千葉街道の交通の便を図ったので、やがて住民の理解を得るに至り

ニ　水害の処理　大正六年の颪水害により管内は丈余に及ぶ水害に襲われたが、鑑識係長時代に発表した水害警察の論文通りに対処し、消防夫を利用して濡れ畳を処理し、颪水害後の衛生に万全を期し、巡視された後藤内務大臣より賞詞を受け、

ホ　ピストル強盗事件に付いては即刻逮捕して、大颪水害の中を本庁に輸送して警務部長より賞賛されたのであった。

斯うした警察の消極、積極両方面に関することは、本庁幹部の認めるところとなり、青年署長としての面目を発揮したのであった。然し私は一警察署長として官舎を出るときは、何時犯人に遭遇するやも知れず常に死を覚悟して居たもので、真摯に職務を遂行して配所太平署の名声を全庁内に高からしめたのであった。之も一に青年警視の闘魂であり開拓精神の発揚とも云うべきである。

4　内務省時代の執務中の気概

①　衛生局時代

在任九ヶ月にして私は大島警視庁官房主事の推薦により、大正七年六月防疫官兼内務書記官に任ぜられ防疫課勤務を命ぜられた。

イ　美和子との結婚　内務省衛生局勤務を命ぜられた私は、大臣、次官と挨拶周りを為し、最後に衛生局長私宅に伺ったのであった。偶々亡祖母四十九日の法会の時とあって待つこと数時間、多く

の親戚が帰った後で局長に面語することが出来た。就任の挨拶と今後のご指導をお願いした処、煌々たる灯の一室で客膳に着かされたが、警察署長の制服を着ていたので愈々固くなり、加えて数日前より腹痛のためお粥腹であったが故に、局長より進められる杯に閉口しながらも杯を重ねて酔いは廻り、僅かな儀礼的のことで局長より叱責され、私も酔いの勢いで辞令を叩き付けて大口論となってしまった。漸く田辺治通氏の取りなしで局長宅に一夜を明かすことになったが、此の失態に付いては唯々恐縮千万の思いで、大島官房主事にお願いして局長にお詫びの機会を設けて頂くことにしたが、一週間後大島氏のお供をして局長の私宅を訪問するや、局長と大島氏は酒杯を重ねるのみでお詫びどころではなく、挙げ句の果ては私と美和子とを握手せしめ、将来の結婚を定めたのであった。処が当時郷里に於いては母と兄とが相談し、私の一高時代よりの保証人井上先生の推薦による娘を嫁にすべきものとして、郷里を一度も出たことの無い母が上京し、私を説得しようとしたのである。私は大島氏の知遇に応えて、一旦美和子との結婚を決定した以上は母の説得に従うことが出来ず、私は私の主張を押し通し、美和子と大正八年五月二十一日結婚することにしたのであった。結婚の諸式を終えて私達は夫婦生活に入り、幾多の試練を経つつ苦労を共にしたが、理想的家庭を構成して母と兄を安心せしめ、今や五十年の金婚式を挙げるに至ったが、之も私自身旧慣を廃して其の意地を通し、自らの責任を果たさんとする闘魂の発露とも思うのである。

ロ　五大法案の制定

数十年前の内務省衛生局は、外見上は陽気に見えたが、内面的には憂鬱をテレ隠すに過ぎなかった。医師と薬剤師との対立、伝研と北研との抗争、個人感情の激突など、外には外交辞令麗しく、裏には讒誣の私語喧しく、人事の異動に、職務の割り当てに、処分の仕方に、出張の張り合いに、暗闘の気配を包みきれず、局外の私達にまで其の醜態を見せつけたものであった。技術官気分は局内を風靡して事務官までも感染し、去勢された観があり、技術官は自己の地位の安全を図る為、茶坊主的御殿女中式に堕し、学術の研究よりも先ず外部の御大のご機嫌奉伺に忙しく、地方の衛生課長等の人事異動に興味を持ち、行政の実際に迄とかく口を出したがり、行政官面をして一時の快を貪っていた。斯うした実情であったから日進月歩の衛生行政を運用することは望むべくも無かった。偶々杉山局長が此の衛生局長となるや、其の政治的手腕を発揮して、中央衛生会、保健衛生調査会を妙用し、所謂五大法案「医師法改正、結核予防法、トラホーム予防法、阿片法の改正、精神病予防法」の審議促進を図られ、私もトラホーム予防法の主査となり、其の立案審議を為すの命を受け、医学書を紐解き、トラホームの本態を調査し、之が法案を思案したのであった。幾多の苦難を乗り越えてトラホームの予防法は勿論、五大法案は、一議会に於いて見事通過したのであった。其の後はその施行法の制定、法律の周知徹底を図り、活々として衛生行政を執行したのである。偶々杉山局長の関東庁事務総長へ栄転された後には潮局長を迎え、再び衛生行政は事務的行政となり、私も亦この局長より敬遠される運命とはなったが、トラホーム予防法の制定こそ私にとって意義有る行政経験であった。

ハ　高知県水害視察の新聞紙利用の報告

斯うした裡にも、各県に於ける結核予防協会発会式、トラホーム予防法講習会には大臣代理として出席し、予防法の講師として全国の医師に講演し、満州国結核予防協会にも大臣代理として出席したが、私の最も印象に残ったのは、大正九年八月中旬高知県下の大水害の視察を命ぜられて急ぎ同県に赴き、高知県南部を新聞記者一行と共に徒歩で視察した時のことである。野中兼山先生のお墓に詣で、其の茫々たる有様を見て、高知県に大水害の起こるのは当然なりと結論付け、内務大臣への復命書は一々自筆で記さず、新聞の切り抜きを整然と貼付して報告書としたことは、所謂復命書に一大革新をもたらしたものと今でも自負している。一部では此の復命書を難詰する者もあったが、同行の新聞記者と苦労を共にしつつ具に視察し、此の新聞記事が作製された以上は、此の記事こそ真相を伝えるものとして復命書に代えることは、何等差し支えなきものと今に思っている。之も私の開拓精神の発露というべきものである。

ニ　国立公園上高地の視察

衛生局の保健調査会の事業である国立公園予定地の実地調査は、一行七人で全国初めての上高地行きとなり、松本市外の浅間温泉に一泊、協議の後、営林署のトロッコで上高地を目指して進み、自然の風光を愛で、峻坂に汗を絞り、光る苔に眼を驚かせ、高山植物に興味をそそり、穂高、焼岳の雄姿を前にしアルプス連峰を眺めて快哉を叫び、上高地の温泉宿に止宿した。それより大正池に小舟を浮かべ、池中に林立する樹木の間に遊ぶ群魚を眺め、遙かに槍ヶ岳を始めアルプスの連山を仰ぎ、近くに焼岳の噴煙を眺めて自然の美に陶酔し、上高地一帯を調査し、国立公園として上高地の適地なることを確立したことは、衛生局在勤中の一大快挙であった。此の調査を終えて私は一行と別れ、焼岳の小径を通り、飛騨に出て寺僧の大臣歓迎に恐縮し、高山に入り、丹生川に古橋家の先祖発祥の地を訪れたことは、今に懐かしい思い出となっている。古橋家に生まれた私にとってこの官費を利用した私的な行動は申し訳なしと思いつつも、之も亦活物教育、開拓精神の一発露と云うべきものと考えている（昭和六年頃、児玉静雄君が長野県土木部長となり上高地にホテルを建設するや、同君の依頼に依って牧野画伯の油絵を同ホテルに備え付けるようになったことは、因縁の深きを一入感ずるものである）。

② 警保局時代

杉山局長の栄転に伴い、其の後任の潮局長とは何かとソリが合わず、遂に大正十年九月二十二日には、大達事務官と交代し内務事務官として警保局保安課勤務となり、所謂高等警察を担当することとなって、本来の警察に復帰することが出来たことは、私にとって満足すべきことであった。

イ　社会運動　警保局保安課では労働運動、小作争議、水平社運動、其の他社会主義運動に関する情報の収集に努め、殊に此の当時初めて起こった水平社運動に関しては、地方長官会議で其の将来に付いて注意を喚起し、共産主義運動に付いては初めて数字暗号の使用あるを察知して、外務省の友人横山君と数字暗号を研究し、キーの発見の重要なことを関係者に注意し、過激法案制定に当たっては、内務、司法両当局の連絡に当たり、当時の新官僚からは「暴力院殿過激法案居士」とからかわれ乍らも、共産主義とデモ共産主義者とを篩にかけて区別し、其の共産主義の主張と思想とを考究し、デモ主義者の発生を防止することに力を致したのであった。当時の内務省の新官僚は兎角新思想家を気取って自己の能を誇るを常とし、国の将来を慮るよりも自己中心主義に陥る気風があったのである。野田争議に於ける某参事官と某主義者との関係の如きは、私達取り締まり当局を白眼視したもので、斯うした新官僚こそが我が国の将来を誤るものと思い、私は心密かに之等新官僚と戦うことが使命であると愈々闘魂を磨いたのであった。

ロ　ご警衛　当時のご警衛は警務課の主管であったが、同課事務官の机上の論は至当で、時流に乗り警護の民主化を唱えては居るものの、社会主義運動の実情を兎角無視し勝ちであり、大行幸啓には自ら責任有る地位に着くことを好まず、私が嘗て警察の実務を取り扱った関係上、大正十一年四月の英国皇太子御来朝に当たっての警衛計画を初め、摂政宮殿下の台湾、樺太、四国、大阪行啓、富士登山に関しては、私に実地調査は勿論、行啓の供奉をさせる等、責任のある時は之を私に押しつける状況であった。従って私は私なりに御警衛に関する基本方針を確立し、御警衛の民主化に対応しつつ其の万全を期し、地方警察当局を指揮したもので、其の苦心は一入深いものがあったが、之も私が他の主管課に対する闘魂の然らしめた処であった。

ハ　関東大震災　大正十二年九月一日（土曜日）正午近く、関東大震災は勃発した。漸く保安課の整理も一巡して旧態も整然としたとき、一大動揺は総てを崩壊したのであった。所謂新官僚は狼狽し、自己保全に汲々としていたとき、私は先ず上司に宮中奉伺を上申し、警保局長と共に日比谷方面に赴き、情勢を見極め、水平社運動の台頭防止に努め、午後四時には日光に赴き、天機奉伺を為すようにとの局長の命を受け、神田三崎町で自動車を乗り捨て、本郷新花町の自宅焼失も顧みず、杉山宅で随行の靴をゴム足袋に替え、妻子に別れを告げ、徒歩で鉄道線路を北上し、埼玉県庁に立ち寄って当局に東都の状況を伝え、其の世話によりバスで宇都宮に至って県当局と打ち合わせ、夜半の為電話で天機を奉伺し、東都の状況を奉告し、急遽帰京したのであった。本郷一帯の焼失にも拘わらず、杉山邸のみ残存していたので、岳父母、妻子と喜びを共にし、内務大臣官邸に至って復命し、二日夜には、特別警備班を組織して本所、深川を視察し、震災情報に付いては、長岡社会局長に協力して大震災善後処置に当たったのである。物資部の小田原会議を叱咤し、私なりに大活躍をなし「此処に川村事務官あり」の名声を博した程であったが、之も平時に於ける新官僚の机上の空論に対する私の実践的報復とも云うべく、非常時に際会しての私の闘魂の発露と云うべきものである。

二　憧憬の洋行

後輩に先立たれ、新官僚の謀略に悩まされていた時、関東大震災が起きて後藤内務大臣、岡田警保局長に私の功績が認められ、憧れの洋行を命ぜられるに至った。大正十三年一月十五日正式発令があったが、自家の焼失によって杉山邸に間借りをしていた私達一家は、一切を焼き尽くした気楽さもあり、私は早朝より寝床の中で「牧民心鑑」の翻訳をなし、昼は仮庁舎で事務の整理を為し、夜は送別会に列し、引き続き二次会を開いて返礼を為し、三月二十八日大洋丸にて横浜港を出帆、海外へと歩を進めたのであった。米、英、仏、独、バルカン諸国を廻り、各地に日本人の足跡を残し、思う存分の事をやり、帰途には金に窮して二等船室の客となり、船中で「ムッソリーニとファシスト運動」をものして、之がゲラ刷りを復命書に代えたのであった。この間私は米国のパイオニヤ精神に共鳴するところ多く、各国で社会主義運動に関する文献を収集し、「英国労働党の政策と現勢」を取り纏め得たことは、私の生涯に於いて大いに生き甲斐を感じた時代とも云うべく、私の闘魂と開拓精神が各方面に発揚された時期であった。

5　第二次警視庁時代の開拓精神

内務省在勤八年有余、当時は内務新官僚に白眼視され、邪魔者扱いを受け、同僚は夫々課長の地位を授けられたのに、私は常に一事務官として取り扱われたが、主管時務に関しては指一本も指されないように勤め、外国帰りの一事務官として外事課に勤めた時も、石原課長を補佐して外国人退去の方法を確立し、アーグストカメラに関する経費を取って外国人取り締まりに一紀元を画したのであるが、内閣は憲政会となり川崎警保局長を迎え、内務新官僚の悪評にもめげず精励勤務したのであった。川崎局長は先に警視庁時代に恩顧を受け、同氏が福島県知事に栄転されたときには、官房主事に採用されようとしたが之をお断りし、台湾警保局長時代にも警務課長に懇望されたが之もお断りした経緯があったので、内閣更迭の此の時期に、私より同局長に其の進退をお願いすることも出来ず、只管時の推移に任せたのであるが、石原課長と局長との懇談の結果、大正十四年九月十七日警視庁衛生部長に転出することとなり、私は同局長に感謝したのであった。

衛生部長就任の挨拶のため後藤新平閣下を訪ねたとき、閣下は親しく私を引見され、其の外出に当たっては自動車内で「衛生行政は事務官の態度で之を掌理すべきではなく、政治家の気持ちでこれを処理せよ」との訓言を与えられたのであった。私は従来の衛生行政が、兎角医師本位の衛生警察であったことを飽きたらず思っていたから、此の就任を機会に衛生行政を医師、薬剤師、獣医師等の技術者を駆使して衛生行政を改革し、帝都の保健衛生の充実を図らんことを念じ、私の闘魂を燃やしたのであった。

① 衛生行政の必要と其の執行方法

先ず私は私の基本方針を部員に周知徹底せしめる為、就任の挨拶で日々の勤務に於ける衛生行政の必要を強調し、各場合に応じて私の意見を反映させたのであるが、之を一般に周知徹底させる為に衛生行政の必要と其の執行方法を論文化し、衛生警察要覧を作成して之を部員に熟読させ其の徹底を期したのである。

② 諸改革の実現

衛生部の改革に闘志を燃やした私は、衛生に関する警視庁令は勿論部内の組織を時代に添うように改革し、防疫課、獣医課を新設し、賞罰を明らかにし、法規の適正なる執行を各警察署に訓令し、特に各署の実績表を作成し、警察署を督励するの外、衛生行政と普選と関連させ、府会議員に衛生殊に母子に関するパンフレットを配布させたのであるが、私が特に力を入れて新方途を示し之を実行したものを列記すると

イ　衛生係巡査の特別手当　　従来警察署の特別係には夫々特別手当があったが、衛生係には之が無いため兎角衛生係は蔑視され勝ちであったので、之に特別手当てを支給して優秀な警察官を配置することとし、衛生警察の実績を上げることに努め、更に宮内省からも特に年末の手当を支給され、衛生警察官の面目を維持し得るようになったのである。

ロ　宮内省関係防疫事務取扱順序の新設

ハ　衛生部非常勤務規定の新制定

ニ　魚屋のガラス張り防塵冷蔵庫設備

ホ　露店行商人の飲食物取締

ヘ　牛乳及び其の搾取場並びに畜牛の取締の徹底　　帝都の牛乳の汚染が甚だしいので、牛乳取締規則を改正し、畜舎の構造改善、低温殺菌の創設、畜牛結核検査の抜本的改正により帝都の牛乳飲用の安全と乳牛の結核予防を為し、この際畜牛を数百頭屠殺したので、或る業者は牛を引いて夜逃げした程であった。

ト　閉鎖式井戸の奨励

チ　水槽便所の取締　水槽便所の悪用に鑑み、先ず毎夕新聞社、聖ロカ病院の便所閉鎖を敢行し、一般の水槽便所の汚水浄化に力を致し、この時毎夕新聞社々長は私の更迭を田中総理大臣へ申し込もうとしたので、私は退職となれば一浪人として社長の娘を強姦すると云って、社長を驚かしたのも此の時である。

リ　塵芥を初め汚物の処理方法

ヌ　墓地の整理　東京都の墓地整理は都内の墓地を郊外に移転するに止まり、却って新墓地付近の水質を汚染する向きがあったので、先ず寺には無蓋納骨堂造成を勧め、寺と墓地との関係を密にし、墓石簿を整理して無縁墓地の整理をさせ

ル　薬剤師、医師、按摩、針灸術者の写真による正業保護

ヲ　薬品の内容調査　特に有田ドラック征伐を初め、海貴来等の売薬を厳重に調査させ、新製剤に付いては製造年月日を記入させ、この際有田ドラッグは私の更迭に数十万円の懸賞金を掛けた程であった。

ワ　売薬の誇大広告の取締

カ　医籍の調査

ヨ　療属営業の取締

タ　看護婦会の取締

レ　精神病院の取締

ソ　精神病者指紋採取計画　之によって東京都外から都内に入る精神病者の取締を厳にし、東京都の負担軽減を図り

ツ　野菜洗い場　赤痢、腸チブス等の予防のため、野菜の清浄を図り

ネ　病原菌保有者の糞便検査を新たになし

ナ　狂犬病の予防　大震災後の帝都は狂犬病の被害甚大のため、新たに野犬捕獲用の自動車を設け、子犬の買い上げ方法を講じ、野犬狩り人夫の生活を安定させる方法を立て、之に力を致したので狂犬病の撲滅を見るに至ったのである。

ラ　屠殺場の統一問題　業者を説得し屠場の統一を図った

叙上の諸改革事項は、私が衛生部長として新生活に新方向を画したもので、私の開拓精神と闘魂の然らしめたところ、詳細は「官界の表裏」に述べたところである。

③　東京警察病院の創設

大正六年本所太平警察署長時代に、警察官の保健衛生上より警察病院新設を稟議したが当時の当局より顧みられず、内務省衛生局に於いて共済組合の資金で警察病院を設立しようとしたが、其の主管局を社会局に移されて設立の望みを絶たれてしまった。再び警視庁に戻った私は何としても之を実現しようと、井口防疫課長に命じて其の基礎資料を収集させ、其の敷地に付いては陸軍省経理局長を訪

れて、後楽園敷地の分与を依頼し、資金に付いては警察官の拠出金で自力創設を期したが、所謂セクショナリズムに禍され、遅々として進まなかったのである。偶々関屋宮内次官から九段の宮内省所有地を貸与するとの吉報に接し、加藤厚太郎伯から資金充当の為加藤高明邸寄贈の朗報に接し、私は勢いを得て今度こそは敢行出来るものと確信したが、太田総監の賛意を得ることが出来ないまま内閣は更迭し宮田総監を迎えたので、私は改めて宮田総監に意見を述べ其の決断を促したのであった。然し宮田総監も亦警務部の意見に動かされ、荏苒日を重ねるに過ぎなかったが、東京都から宮内省に九段の該当地を砂利置き場にしたい由の申し込みがあったとのことで、先約の警視庁に意見を求められたのであった。宮田総監は部長会議を開き、遂に「衛生部長の云うとおり警察病院を設立する」ことに決定したのである。そこで巡査二十円、署長五十円、部長百円の拠出金を基幹として、東京警察病院は現在地に建設されることとなり、私の十数年来の宿志は達成され、今日に於いては改築を重ねて大発展を遂げ九層の大建築となり、私立では東都一の偉容を誇るに至ったのである。私の闘魂と開拓精神の一大結晶と云うべきである。

当時私は此の病院を中心として警察医学校を設立し、警察官の子弟を医師、看護婦、助産婦、に養成し、警察医の充足と警察官の子弟教育の一助に供しようと目論んだが、其の主管が警務部に移管されたので、私の理想を実現するまでに至らなかつた。序でに当時の総監宮田光雄氏が、昭和三十一年警察病院に入院された折り私がお見舞いに伺うと、同氏は病床で「君が造った病院だから院長にも宜しく云ってくれ」と述懐され、私は宮田氏の為にも良いことをしたと思ったのである。

6　保安部長時代の闘魂

石田保安部長がご大典の関係で京都府内務部長に転勤することとなったが、其の後任の保安部長の人選が難しく私に交渉があった。私は当時衛生部長として更に衛生行政に未練があったので、保安部長の就任を断り続けて来たが、遂に鈴木内務大臣に呼ばれて就任を強く要請されたので、昭和二年一月九日此の職に就き、保安警察を掌理することとなつたのである。

①　人事の刷新

私の保安部長就任に付いては、保安部各課長の反対の声があることを聞いたので先ず人事の刷新を図り、兎角退嬰的な保安警察の改革を図ろうと、第一に多年交通警察に力を致しその功績の多大であった交通課長を洋行させて其の功労に報い、第二に建築課長に付いては其の辞任申出を受理して建築行政刷新に一歩を進め、第三に保安部職員の選考規定を作成して情実を排し、保安部採用身元調査様式を定めて、厳選の方途を講じたのであった。

②　法令の改正

時代に即応するよう法令を改正し、新設又は全部改正のもの九件、一分改正のもの一件に及び、殊に建築課内の内規を廃し、細則執行心得を公表して一般の利便に供し、不当な処理防止に努め、従来の本庁中心主義の建築取り扱いを改めて、各署配置の技師、技手を設け、民衆の利便を図ったのであった。

③　**指定問題**

従来兎角の問題を起こし、殊に昭和二年民政党内閣崩壊の際のスキャンダル事件に鑑み、私の就任前の申請は一応却下しようとしたが、再申請を考慮して署長の調査書を添付の上進達させ、先ず之を事務的に整理し置き、一定の基準を新たに定め之によって公明な措置を取る事を期したのである。この為従来の弊害を一掃することが出来て、宮田総監が大阪松島事件で退官されるに当たり、私に対し警視庁に於いては何等事なきを得たことを感謝され、時に上司に対し苦言を呈したことが報いられたと思い、自らの闘魂を今に追憶して居るところである。

④　**其の他特殊な改正事項**

イ　露店　出店区域指定要項を設け、兎角紛糾した露店問題を解決し、乗り合い自動車営業許否取り扱い規定を設けて、府会との関係の円満化を図り

ロ　風紀警察上に於いては、私娼窟を整理し、公娼の休憩所を設けて公娼制度の改善を図り

ハ　浴場に於ける上がり湯をカラン式とし

ニ　工場建築については、建築課より移管して事務の能率化を図り

ホ　鉄砲火薬密輸事件を摘発してご大典に備える等、改革の道は多方面に及び、保安警察行政の刷

新に、私は闘志と開拓精神を発揮したのであった。

⑤　若人の指導

後進の指導に付いては特に意を用い、毎朝定刻出勤し、朝の暇な時間中に、私の意見をタイプライターに打って若い諸君に配布して参考に供し、部長出張の際には必ず若い資格者を同道して指導に努め、時に官舎に呼んで私の私生活が厳正の裡にも和楽の姿勢有るを見せ、官吏の身の清潔たるべき事を身を以て示し、料亭の受取証の保存、家計のやりくり等を明示して、独身資格者の指導に任じたのである。

⑥　警察官住宅問題

大正六年の太平警察署時代に、交番と住宅との関係を発表してより十数年、再び警視庁に戻って警察病院の設立を決定し警務部に一任してからは、私は警察官住宅問題を重視し、口に筆に之を唱導して一般の理解を深めることに努力し、其の敷地資金に付いても見込みを樹て、建物の設計を建築課員より懸賞募集して一応の成算を得たので、宮田総監を説き伏せ特別委員会を設置して之に付議し、将に決定されんとした時私は山形県内務部長に転出を命ぜられ、この美果を結ぶことが出来なかったことは遺憾千万であった。摂政宮殿下の復興帝都巡幸の際にも、私は山形より土屋侍従に対し警察官住宅の必要な旨を申し送り、殿下に申し上る様お願いしたのであるが、今に何等の統一的処理無く、警察官は各所にバラバラで、見すぼらしい家宅に居住する現況は遺憾の極みと云うべく、警視庁幹部は勿論公安委員会等に於いても、唯警察官を酷使するのみで之の福利増進に意を用いてない現状を苦々しく思うものである（戦時中憲兵隊は私の案の様な住宅を九段下に建設之を利用していた）。

私は此の警察官住宅を、宮城を中心とした八町（約八七〇米）間隔の円周上に五百棟以上建設し、構造は鉄筋コンクリート造り、其の一角に交番を設け、各重要施設からの非常報知機によって警備の万全を期し、更に進んで此の住宅を基として消費組合を設け、警備と福利と両面の増進を企図し、五十年で元利均等償還の出来る財政表も作成したのであった。今より見れば残る数年にして東京都の財産を増し、警備の万全を期し、警察官の福利を増進し得たものと今に残念に思うものであり、真の為政者が出現し、此の制度を再検討されんことを切に望む者である。

⑦ 中央大学講師として

大正十四年衛生部長に就任したとき、一高時代の同僚井上健彦君が、後任として私に中央大学の行政法の講師を受諾するよう薦められたので、私は上司の許可を受けて之を引き受け、毎週二時間、朝八時から十時まで行政法を講義したのであった。当初は私の原稿で講義したが、それよりも高等試験委員の著書を活用し、之に論述してないものを私が講義し、学理と実際との関係を提示することが重要と認め、当時一般的に利用されていた美濃部博士著の行政法を教科書用として、此の重要な箇所に赤線、青線を引いて生徒に示し、徒に赤線、青線を引く愚を避けさせ、同書に記載されてない論議を口述し、更に各章毎に試験問題を示して其の研究を学生に一任し、試験の際は十数問題を出し、其の内二題を選抜して答案させたのであった。

私は、大学教育は真理の探究と称しているが、何が真理であるか初めての学生には不可解な点が多いから、先ず教師は一般的、全体的の講義を行い、学生に学問に付いての興味を起こさせ、進んで各部門を深く探求するようにさせ、其の補助支援をすることこそ、教師の勤めと考えたので、敢えて前記のような教授方法を取ったのである。幸いに学生は教室に溢れ、楽しく四年間を過ごし、今も何十周年記念の会には親しく当時の学生諸君と語ることが出来るのみならず、私が講義してからは中央大学生は司法官方面のみならず、行政官方面にも多く進出したことを聞いて、欣快に耐えない次第である。

7　内務部長時代の下心

保安部長一年八ケ月、警察官住宅問題完成に励んだ私は、一生を警察界に勤めようとした初志を貫くことが出来ないで、昭和四年七月八日山形県内務部長に転出させられ所謂悲憤の別れをしたが、足が一旦東北山形県に入るや東北の疲弊した情勢を目の当たりにして、何とか東北を救済しなければならぬとの私の開拓精神は鬱勃たるものがあった。内務部長としての初経験のため日々の県庁事務に習熟しようと心掛け、知事の命の侭に歳入欠陥補填の節約申し合わせを為し、橋梁及び最上川堰起債問題に付いては児玉土木課長と諮り、内務省の属僚の力を借りて大蔵省を動かし、浜口内閣の非募債政策を打破して此の起債を成功させ、災害工事に付いては一踊り一万円の妙技を発揮して内務当局を動かし、赤川上流改良工事に関しては脱党届提出の奇策を案出して安達内務大臣を戸惑わせ、昭和五年度予算に付いては緊縮予算中にも拘わらず、産業調査会、共同木工品、災害予防林、財務出張所の新設等幾多の新規事業を予算に計上して、昭和四年通常県会を無事乗り切り、内務部長としての手腕を振るったのであるが、当時青森県内務部長の更迭事件に伴って、昭和五年一月八日青森県へ転出を命ぜられたのであった。一度内務部長として山形県に赴任し、相当の成績を上げたにも拘わらず、当時の内務当局は私が山形県に在勤することは、民政党の為に不利と思い朔北の青森県に転任を命じたもので、私は青森県に於いては何事もしないことを決意して赴任したのであった。然し着任二日目の夜憲政会幹事長一派の不遜な行為に対し、官吏にも睾丸のある人士が居ることを示して憲政会即ち与党を戒め、破れかぶれの気持ちであったが、周囲の事情は私が無為に過ごすことを許さず、民政系知事と県会との衝突もあったので私も腰を上げ、知事対県農会及び政友会抗争事件の後始末を付け、災害起債に成功し、歳入欠陥補填策を樹立し、深浦町埋立及び道路拡張工事を完成し、砂利直営と砂利枡新設、十和田湖観光道路の開拓工事、県庁舎の模様替え、国立工芸試験場設置、県営電気事業に力を致し、知事と論議して八戸港陸上設備の完成に思いを練り、其の起債運動を起こして大蔵省の認可を確かめたが、其の認可の二日前の昭和五年六月七日休職に処せられ、六月二十日依願免官となったのである。思えば内務部長の初体験によって助長行政の妙味を味わい、鬼に金棒（警察と内務助長行政）

の経験を今後に活用しようとした時、此の不運に遇っては義憤一入深く「青森県の将来」を書いて東奥日報に送り、せめてもの慰めとしたのであった。

8　第一次浪人生活の怒り

昭和五年六月、四谷信濃町の浪宅に引きこもった私は、悲憤慷慨の念に燃えたものの、時機の到来を待つの外は無かったので、此の期間は、過去の私の実績を孔子、釈迦、基督に批判を請うこととし、之に関する著書を熟読して自己反省の資に供し、十五年間家郷を顧みなかったことを思い、七十五才の老母を慰め、家兄を手助けし、家庭の人として幼い子女の将来を図り、郷党の恩義に対し私の経験を活用して之に報いようとしたのである。幸いに七月二十四日の先祖祭りに帰郷することを得て祖霊に拝し、老母を慰め、末弟富士男の問題に就いて家兄の良き相談相手となり、財団法人暉保会の設立に力を添え、父祖の事業を発揚すると共に、郷党の福祉増進に寄与することが出来たのである。

この間、平沼先生の謦咳に接し、正義の念を愈々深め、将来の為に力強い指導者を得て更に闘志を燃やし、報復手段としては先ず民政党内閣に対し筆誅主義に出で、あらゆる新聞雑誌を通じて民政党内閣の非違を糾弾し、内務時事新聞に加勢して（昭和五年九月）其の進むべき道を示し、社会相談所を設けて（昭和五年十二月）弱者を助けつつ秕政摘発を期し、地方選挙監視の任を受けて万全の策を講じ、倒閣運動に加担して一層の力を致したのであった。

9　山形県知事時代の闘魂と開拓精神

昭和六年十二月十一日、若槻内閣は閣内不統一の理由で総辞職し、犬養内閣が成立した。鈴木喜三郎先生は内務大臣にはなられなかったが、私の為に静岡県知事を推薦せられ、一時は之に決定したものの、山形県民を代表して県会議長が上京し、新聞社の協力の下松野幹事長に働きかけ、私を山形県知事にするよう内閣を動かし、十二月十八日付で山形県知事に任命されたのである。私の闘魂は燃えたぎり「直を以て怨に報いる」の気概を以て赴任し、百万県民の期待に応えるべく浪人中にも種々考究したことを如実に実行し、所謂開拓精神を以て恵まれない東北の山形県の為に尽くそうとの闘魂を燃やしたのであった。

①　県会

閉会に近い県会に臨んで遠慮無き挨拶を述べ、在郷軍人補助費増額、産業道路の促進等緊急を要するものに付いて追加予算を計上し、議会の承認を受け

②　洋梨栽培試験地

昭和七年五月には三笠宮殿下をお迎えして、ご来県の折には洋梨を献上し、ご帰京に際してはお買い上げの光栄に浴して屋代村民を感激させ、御下賜金の一部に県費を追加して記念試験地を農事試験場に設けるの他、記念祝賀会に列して其の一部の金を水引の侭屋代洋梨組合に寄付し、県立洋梨栽培

試験地を造成して同村の洋梨栽培の発展を図り、屋代の洋梨を日本の一名産にすることが出来たのである。

③　総選挙

内閣交代に伴う総選挙が施行されるや、各部長に責任を負わさないで自ら陣頭に立ち、産業振興政策を基本として選挙に臨み、各地区の五票を単位に細胞組織を組み上げさせ、私は其の表を監視し、闘魂を燃やし、臨機の処置を講じ、棄権率の少ないこと日本一の成果を挙げ、従来の与野党の当選者比率四対四を五対三として大勝を博し、政友会を歓喜させたのであった。

④　施政の要綱

選挙の大勝で県民の信頼を得たからには、其の昔尾張藩の儒官細井平洲を遙かに招聘して藩学を興し、産業の奨励に、民生の安定に、名君の誉れ高き上杉鷹山公の遺業を発揚し、恵まれない東北民の為に全身全霊を捧げようと決心したのであった。先ず庁内一致を図り、対軍関係を調整し、対新聞社関係に思いを致し、県民を思って「山形県の検診と治療」なる意見を発表し、之を順次実行に移したのであった。

イ　産業上では

副業研究所の新設　副業の奨励等、副業に関する施設

果樹の適地適木による栽培

淡水魚の増殖奨励
緬羊の増殖
植樹デーと勧奨林の設置、団体基本財産林の造成
農民読本の編纂
に意を用い
ロ　人物養成、保育上では
大高根青年道場の改築
赤十字保養所の設置
白布高湯児童保健所の新設
に鋭意力を致し
ハ　土木事業では
山形・上の山間、舗装道路の完成
産業振興の為にする土木事業
県費支給河川の編入
六十里越改修
丹生川改修工事

ニ　諸懸案解決の上では

丹生川問題

松沢耕地組合事業に関する床棟工事

新庄繭市場問題

農会紛擾問題

等多年に亘る紛糾した問題を解決し

官舎新設問題

荻野開墾地更生策の樹立に力を致し

ホ　教育上では

学校の空き地利用

学校林の造成奨励

音楽科設備の充実

国民高等学校創設計画

等に可及的努力を為し

ヘ　其の他

寒地農村住宅の建設

消防用水槽の築造と其の生産的利用
農村改良委員会、模範農村設置、其の他農村の総合的改良計画
地方銀行の破綻予防
鶴岡市都市計画の決定
に思いを致し、総て其の予算又は実施方法を講じ

ト　県費節約其の他財政上では

昭和七年当初予算額中約十五万円の節約
自動車の安価購入
財務出張所の充実

に力を致し、単に積極政策の実行のみならず、消極的に贅費の節約を図ったのであった。

特に赤十字の保養所に付いては辞職願を懐にして赤十字本社に迫り、之を実現し、白布高湯児童保健所に就いてはラジオの聴取料配付金を活用して之を建議し、大高根青年道場改修に就いては、自ら揮毫した「自任」と刻した石碑を青年と共に運搬して県民の奮起を促し、勧奨林に就いては自費で山林を購入して共に植樹し、此の思想が最上川を伝わって全県下に広がることを期待し、六十里越え道路の改修費五十万円は県会に諮らず参事会で議決させて早期実現を期し、県立国民高等学校に就いては乙種農学校と自治講習所とを併合して、新式の国民高等農林学校とし、経費の節約と不評とを吹き

消したのであった。思えば数十年前に幾多の問題を解決して県民の福祉増進に貢献し得たことは、私の開拓精神と闘魂の然らしめる処ではなかろうか（昭和三十五年には勧奨林を初め赤川、丹生川の記念林の植栽木を山形県に寄付し、其の利得金を以て治山治水山形県林業賞が創設されたことは、私の最も欣快とする処である）。

10　第二次浪人時代の押さえられた闘魂

昭和七年六月二十八日休職となり、八年六月依願免官となってからは、四谷信濃町の借宅にて「官界の表裏」の校正出版（昭和八年八月一日）、「浪朗の釣鐘」の著述を為し（昭和八年五月）、家庭的生活を楽しみ、国本社にて精神修養を為し、弁護士登録をなし、メヌマポマード選挙違反事件、城北会社事件、ガス会社事件、鉄道疑獄に関する清水組事件等の紛糾事件を処理し、挙国一致内閣の成立に力を致し、平沼先生と西園寺公の接触に蔭の力となり、家兄の好意によって昭和八年、牛込区市ヶ谷田町三ノ二十五に新宅を建設し、更に鈴木喜三郎氏の斡旋によって昭和十三年、東洋インキ製造株式会社の社長に就任し、個人会社に株式会社の実体を具備させ、各般に亘る改革を為し、社則の制定、社服の給与、昼食の給与、ボンブラックの簡易製造、昭和紙器会社、東洋運輸株式会社の新設、西川求林堂の整理等、旧式経営を近代化し、今日の東洋インキ製造株式会社の基礎を造り、余力を大東亜航空機会社の組織に致し、テルミナリスによるウイスキー製造の認可を取り、真崎内閣組織に思いを練ったのであるが、不幸他の重役の反抗に会い一期三年にして同社を退いたのである。退社後は同会社の不祥事件に連座して、大東亜戦争中四年の歳月を徒費し、検事ファッショに抗して愈々闘魂を発揮し、昭和二十一年十一月十五日、白日晴天の身となり、亡兄の委託を奉じて財団法人古橋会の事業推進に努力し、着々其の成果を収めたのは、私の開拓精神の発露というべきか。

11　財団法人古橋会時代の闘魂と開拓精神の発揚

昭和二十年十二月二十九日、長兄道紀の逝去するや、其の委託を奉じて古橋家の財産を整理し、財団法人古橋会を創設して別記の如き公益事業を推進して来たが、更に無私愛世、一意邁進し、蓋棺主義に徹し、古橋家の伝統精神を発揚し、よりよい明日を創造すべく開拓精神を基として闘魂を燃やし、祖先の霊に応えんことを期しているのである。

12　むすび

顧みれば八十年間の敢闘生活は、各方面に相当の治績を残したものの、時代の進展は急テンポにて、私の残したことも自然変化するに至るのは必至というべきであるが、私を支えた闘魂と開拓精神とは、之を妙用すれば、後に続く人士の心の依りどころとなり得るものと信ずるものである。

（昭、四四、一、二七、日、記）

十三　結び

先に「官界の表裏」に次いで「浪朗の鐘」を以て自己批判としたが、この度我が生い立ちから折に触れ書き続けてきた手記が、筑波大学教授芳賀登先生のご厚意と茂人の薦めによって編集され「我が半生」として世に問うこととなり、此処に九十年の半生に一応くぎりをつけることとなった。そこで我が半生を顧み我が後半生を如何に生くべきかを思い巡らすとき、過去の軌跡は年と共に淡く其の形骸を留めるのみで、只自己満足、自慰の種に過ぎないことを痛感し、此処に私の事績、事業の根幹を為し、我が半生を貫いて来た思想を書き記し、以て我が後半生を生き抜く為の指針としようとするものである。

1　宗教に就いて

宗教が何であるか其の意義に就いては各人各様の見解があるであろうが、私の宗旨は祖先教であり、万物の初めを天之御中主神に仰ぎ、日本民族の祖先を天照大神とし、仏陀、孔子、ソクラテス、基督等の聖賢の思想は精神的糧とし、豊受大神等は物質的糧とする信仰を基本とするもので、仏教の教理、基督の教条、孔子其の他の聖賢の倫理は其の信仰を培養するの資であり、其の長を採り短を補い、其の信仰を深め祖先の遺風を敬仰し、自力追進凡ゆる行動を無私愛世、以て現世に処すべきものと思うものである。

2　家庭に就いて

新憲法が施行された今日と言えども、私は明治の教育勅語の精神を基とし、日進月歩の時代に対応した家訓を整え、之に則って家を治め、家族夫々が天賦の性に応じた道を求めて、世道に尽くすべきものと思うものである。

3　教育に就いて

家庭教育に就いては古橋家の庭訓を基として子女を養育し、情操教育に力を致すと共に、日進月歩の教育に就いては時代に応じた教育を各個人の賦性に応じ、徒に強要することなく其の賦性を延ばし、殊に道徳教育に就いては教育勅語の趣旨を時代に応じて妙用しつつ徳性の涵養に努め、科学教育に就いては日進月歩の科学時代に対応するの教養怠らず、人間性を失うことなき一芸に秀でた人物を養成すべきものと思うものである。

4　政治に就いて

政治に就いては現代の政治の弊を透視して高度の民主政治に思いを致し、人間尊重の政治を基底として口頭政治より実践政治を指向し、清く、正しく、明るい政治を心掛け、人心をして倦まざらしめず、民衆をして政治の価値を知らしめる政治を期すべきものと思うものである。

5　経済に就いて

産業、経済に就いては民衆が其の恵沢に浴し得る産業経済の振興を図り、私利私欲に走らず民衆の福利増進の方策を講ずべきもので、事業の利益は資本、労働、経営の三分割とし、其の配分の公正を期すべきものと思うものである。

6　社会生活に就いて

現実社会は複雑極まりないもので多くは迷路を駆け巡るの状況にあるが、物事を直截簡明にすることに意を用い、複雑化を単純化する為に一刀両断の方途を選び、他人に頼ることなく自主自任の信念を以て問題に対処すべきものと思うものである。

以上我が半生を貫いた私の根本思想に就いて述べたが、引き続きこれらの思想を背景として、無私愛世、自為垂範、先憂後楽、仕事に追われず事業を追うの蓋棺主義に徹し、他人に迷惑を掛けざるよう心掛け、祖沢と世恩に感謝し、常にパイオニヤ精神に燃えて、如何なる困難に遭うも挫けることなく、より良い社会の建設を目指して勇往邁進せんことを期して已まないものである。

（昭、四三、五、六、記）

あとがき

財団法人古橋会初代理事長川村貞四郎翁は、其の生涯を通じて幾多の著書や共著、論文や草稿を残されているが、活字とならなかったものを整理され、昭和四十年八十才を記念し「我が半生」として出版された。続いて翌年から「我が半生の裏街道」をまとめられ、昭和五十年其の草稿を私に託され「思い切って手を入れた上で公刊を検討して見てくれ」とのことであった。其の自序に「人には夫々隠れた裏面があるように、私にも人に知られない又知らされない裏面があり、私はこれ等を折に触れ記録に留めてきたが、この度これらを集録し『我が半生の裏街道』として世に問うこととしたのである」とし、其の目次は五十六項目に及んでいた。

早速昭和三十六年以来川村理事長の要請に応えて、古橋家文書の調査、研究、整理のため毎夏来稲される古橋家文書研究会の代表筑波大學教授（現名誉教授、東京家政学院理事長）芳賀登先生に相談したところ公刊の支援を約束頂いた。そこで私は其の草稿を取り敢えず六部に編集し、表題は「三河男児川村貞四郎」とすることとして一応全稿に手を入れ、妻千嘉子によって原稿用紙に清書されて行った。

この昭和五十年という年は、私にとって町議会議長二期八年を勤め上げた統一地方選挙の年に当たり、町議会を挙げての懇望黙し難く町長に立候補し、初当選という新米町長の初めであって編集は遅々としていたが何とか仕上げ、上京の折り理事長宅に持参した。次回上京の砌お宅に参上すると、理事長から之で良いから出版をとの要請であったが、理事長夫人から「私にも見せて頂戴」との申し出があったので、原稿を置いて帰郷した。其の後「余りにも赤裸々に過ぎて関係者にご迷惑ではないか」として出版に賛同を頂けなかった。手を入れた原稿は其のまま東京にあり、私も町長現職とあって再検討の余裕もない侭にいつしか時は過ぎ、理事長は昭和六十二年六月十八日、次いで理事長夫人も平成五年九月二十六日逝去されてしまった。

平成七年四月、私は古希の故を以て五期二十年の町長を辞し、先ず其の年の十二月二十九日に迎える、財団法人古橋会の創立者古橋源六郎道紀翁の五十年祭の記念事業として、「古橋源六郎道紀翁小伝・附財団法人古橋会五十年の歩み」をものし、上梓して道紀翁の霊前に捧げた。

それより初代理事長から託された遺稿「我が半生の裏街道」を上梓しようと原本を再検討して

第一篇　生立ちの記

第二篇　青春の記

第三篇　闘魂の記

の三編に編集し手も入れ直して、平成八年八月、古橋家文書の調査、研究整理の為に来稲された古橋家文書研究会の代表芳賀登先生に相談し、株式会社雄山閣より出版されることとなり、其の第一篇生立ちの記を初代理事長の十年祭に漸く霊前に捧げることが出来た。

実は平成七年町長を辞任したので古橋会の創設者道紀翁の小伝に続いて川村理事長遺稿の上梓に専念出来るものと思っていたが、町長在任中の平成六年五月、愛知県森林組合連合会々長の辞任に伴い、副会長として其の後を引き受けざるを得なくなり、一期三年を条件に就任して平成九年には其の任期の満了を迎えたが、県森連はもとより県林務課の強っての要請もあって継続せざるを得なくなった。するど三河材流通加工センターの着工で急にあわただしくなり、第二篇青春の記の上梓は平成十一年の六月となってしまった。更に林業不振に伴う県森連、全森連の再建や森林組合の合併問題、古橋会としてもかねて懸案であった僻地医療対策と、林業振興対策のモデルとしてのオール古橋材によるクリニックの建設、古橋家としては平成十二年九月の集中豪雨により流失した一族の墓地再建などに忙殺され、加えてこの第三篇は喜寿の手習いでワープロに替えてパソコンに挑戦し、為に試行錯誤で意に任せず、せめて平成十四年八月恒例の古橋家文書研究会までには仕上げようと努力してきたが、いつしか秋も酣となってしまった。

この古橋家文書研究会は、昭和三十五年十二月二十六日来訪された、当時東京教育大学講師芳賀登先生と同大々学院日本史学科木槻哲夫先生と、偶々帰郷中の川村理事長との出会いがあり、其の要請に応えられて翌年から芳賀先生をリーダーとする古橋家文書研究会が発足し、綿々として今日に継続されている。斯うした因縁で初代理事長を知悉する芳賀先生に出版の手配をお願いし、第一篇、第二篇共に三河男児の真骨頂に触れた序を巻頭に賜っている。今回の第三篇を以て「三河男児川村貞四郎」も完結するので、私の編集した原稿を先ず木槻先生にお目通しの上ご指導を願い、芳賀先生に引き続き巻頭の序を賜るべくこの夏の研究会の折りにお願いし、出版は株式会社雄山閣に依頼することに為っている。

初代理事長川村貞四郎翁から「我が半生の裏街道」なる草稿の公刊を託されて既に二十八年、この第三編、闘魂の記は岳父の私に対する遺言とも心得、古橋家の内面的問題にも率直に触れられており、心して編集したところである。殊に不祥事件に付いては岳父の無念を思い出来るだけ草稿に忠実に、一方義母の「人様のご迷惑となるようなものは公にしないように」と云う婦徳の狭間にあって、この草稿の推敲には格別苦心した処であるが、漸く最終篇の編集を終えて二十数年来の肩の荷を卸した思いである。

ここに三河男児川村貞四郎「第三編、闘魂の記」の出版に当たり、全三巻を通じて格別なご高配とご指導を忝なうした芳賀、木槻両先生、株式会社雄山閣を始め関係各位に対し、深甚なる敬意と感謝を捧げて已まないものである。

平成十四年十月

財団法人古橋会理事長　古橋茂人

三河男児　川村貞四郎(Ⅲ)
闘魂の記

平成十五年六月二十日印刷
平成十五年七月　五日発行

著者　川村貞四郎
編集　古橋茂人
発行者　村上佳儀

発行所　株式会社雄山閣
東京都千代田区富士見二—六—九
電話（〇三）三二六二—三二三一
振替　〇〇一三〇—五—一六八五

印刷所　亜細亜印刷株式会社

ISBN4-639-01817-7　C0023